CHRISTIANE ZU SALM

Dieser Mensch war ich

GOLDMANN

Buch

Wir lesen täglich Todesanzeigen in den Zeitungen. Unter dem Namen des Verstorbenen stehen Geburts- und Sterbedatum sowie die Namen der Angehörigen und Freunde. Dazu fast immer noch ein Spruch, eine Weisheit, mal ein Zitat aus der Bibel. Manchmal finden sich auch Zusätze wie »plötzlich und unerwartet« oder »nach langem Leiden«. Mehr nicht. Was der Leser hier erfährt, sagt fast nichts über den Verstorbenen aus. Dieser verschwindet zwischen Feuilleton und Wirtschaftsteil. Doch was für ein Leben ist hier zu Ende gegangen? War es ein erfolgreiches, ein glückliches oder ein unzufriedenes, gescheitertes? Wusste dieser Mensch, wie es geht, das Leben? Die ehrenamtliche Sterbebegleiterin Christiane zu Salm hat ganz normale Menschen auf dem Sterbebett nach ihrem persönlichen Resümee gefragt. Direkt, unmittelbar und mit ergreifender Ehrlichkeit blicken diese Menschen auf ihr Leben zurück.

Autorin

Christiane zu Salm, 1966 in Mainz geboren, arbeitete viele Jahre erfolgreich als Medienmanagerin. Sie war Geschäftsführerin des Musiksenders MTV, baute den Privatsender 9Live auf und arbeitete bei der UFA-Fernsehproduktion. Seit 2005 konzentriert sie sich stärker auf soziale Projekte, engagiert sich für die Bertelsmann Stiftung und hat mit ihrer unternehmerischen Kompetenz NFTE (Network for Teaching Entrepreneurship) in Deutschland mitgegründet. Zudem ist sie begeisterte Sammlerin von Kunst, die jenseits des etablierten Systems entsteht. Ehrenamtlich ist Christiane zu Salm als ambulante Sterbebegleiterin für das Lazarus-Hospiz in Berlin tätig und besucht regelmäßig Sterbende direkt zu Hause.

Christiane zu Salm

Dieser Mensch war ich

Nachrufe
auf das eigene Leben

GOLDMANN

Sollte diese Publikation Links auf Webseiten Dritter enthalten, so übernehmen wir für deren Inhalte keine Haftung, da wir uns diese nicht zu eigen machen, sondern lediglich auf deren Stand zum Zeitpunkt der Erstveröffentlichung verweisen.

MIX
Papier aus verantwortungsvollen Quellen
FSC® C014496

Penguin Random House Verlagsgruppe FSC® N001967

4. Auflage
Taschenbuchausgabe August 2015
Wilhelm Goldmann Verlag, München,
in der Penguin Random House Verlagsgruppe GmbH

Umschlaggestaltung: UNO Werbeagentur, München
Umschlagmotiv: Karen Koehler / VISUM creative
KF · Herstellung: Str.
Druck und Einband: GGP Media GmbH, Pößneck
Printed in Germany
ISBN: 978-3-442-15837-9

www.goldmann-verlag.de

»Wenn Menschen denken, dass du stirbst,
hören sie dir richtig zu – statt nur darauf zu warten,
bis sie wieder dran sind mit Reden.«

Aus *Fight Club*

Warum muss erst deine Zeit ablaufen,
damit du reden kannst?

Kein Sterbenswort

Dies ist kein Buch über das Sterben, sondern ein Buch über das Leben. Das Leben wird hier allerdings von seinem Ende her betrachtet: Es ist eine Betrachtung des Lebens aus der Perspektive des Sterbens.

Diese Perspektive hat mich schon seit meiner Jugend interessiert. Natürlich darf man sich zu ihr im alltäglichen Umfeld nicht so deutlich bekennen, denn vom Ende her zu denken und daraus auch seine Handlungen abzuleiten – das erinnert ja auf unbequeme Weise daran, dass man eines Tages sterben muss. So weit aber wollen die meisten nicht denken. Es ist einfach zu irritierend. Wenn ich zum Beispiel davon erzähle, wie ich wichtige berufliche Entscheidungen treffe, dann finden das die meisten eher merkwürdig. »Wie würde ich von meinem Sterbebett aus darüber denken, wenn ich diese Chance nicht genutzt hätte?«, frage ich mich in solchen Situationen. Denn im vorweggenommenen Rückblick werden die Dinge plötzlich viel klarer. »Sterbebett?«, werde ich dann ungläubig gefragt. »Sie sind doch noch so jung!«

Ganz egal, ob Mann oder Frau: Der moderne Mensch redet nicht gerne über das Sterben. Darüber verlieren wir in unseren hochzivilisierten westlichen Gesellschaften so gut wie kein Sterbenswort. Wir sagen zwar, dass es neulich auf irgendeiner Veranstaltung sterbenslangweilig war. Am Abend davor haben wir uns noch totgelacht. Und wenn es um extensives Feiern,

Arbeiten oder Durchhalten geht, sind viele absolut nicht totzukriegen.

Vor allem aber ist unsere Gesellschaft nicht totzukriegen darin, so zu tun, als gäbe es für immer ein Morgen. Okay, werden Sie möglicherweise einwenden, warum auch? Was soll daran falsch sein, eher über eine ständige Verbesserung des Lebens nachzudenken und in die Zukunft zu blicken als darüber, dass schon morgen alles vorbei sein kann? Denn man kann ja nun wirklich nicht jeden Tag so leben, als sei es der letzte, schon gar nicht als junger Mensch. Für sehr viele Dinge braucht es doch Zeit, oft viel Zeit (was man meistens erst später kapiert), und dann gilt es, Geduld zu beweisen und abzuwarten, statt im Hier und Jetzt alles erreichen und erleben zu wollen. Schließlich kann auch niemand jeden Tag nur das verfolgen, was ihm wichtig ist. Es gibt ja immerhin Alltagspflichten und jede Menge Dinge, für die man verantwortlich ist, ohne dass sie für das eigene Leben entscheidend sind.

Dennoch habe ich zum Tod eine Affinität, die nicht nur aus Angst resultiert. Sondern eher aus einer Suche nach dem Verständnis dessen, was wirklich wichtig ist, worauf es ankommt, was eigentlich bleibt vom Leben. Das alles versuche ich, ein wenig besser zu begreifen, solange ich lebe. Der Tod, das Ende des Lebens, ist für mich ein gutes Mittel, um das herauszufinden. Ich stelle ihn mir nicht selten als ein Destillationsgefäß vor, mit dessen Hilfe man gedanklich das herauskristallisieren kann, was am Ende eigentlich bleibt. Oben fließt eine große Menge Leben rein, unten tropft das Destillat heraus: die Quintessenz dieses einen abgelaufenen Lebens. Das Wesentliche halt.

In gewisser Weise sind der Tod und ich uns schon ein wenig vertraut. Zwei unnatürliche Begegnungen hatten wir bisher miteinander. Als ich ein sechsjähriges Kind war, starb mein kleiner Bruder durch einen Unfall vor meinen Augen. Dieses tragische Ereignis hat mich für mein Leben massiv geprägt, was mir erst später, als Erwachsene, so richtig klar wurde. Seit dem Tod meines Bruders wurde in unserer Familie auch das Leben bewusster gelebt. Bewusster soll heißen, dass es nicht so schlimm war, wenn ich wieder einmal eine Fünf in Mathematik nach Hause gebracht habe. Oder wenn die beste Freundin ein paar Tage nicht mit mir geredet hat. Weil eben nichts so schlimm ist wie der Unfalltod eines geliebten Kindes. Und weil das Leben trotzdem immer weitergeht, irgendwie. Weil es für alles eine Lösung gibt, irgendeine. Nur für den Tod nicht. Das hat meine Mutter mir danach eingebläut, und die Gestaltung meines Lebensalltags hat bis heute mit dieser einschneidenden Erfahrung zu tun.

Viele Jahre später hat mir der Tod dann selbst auf die Schulter geklopft. Beinahe wäre ich beim Skifahren unter einer Schneelawine begraben worden. Zweihundertfünfzig Meter bin ich unter dieser Lawine einen Berghang hinuntergerast, über mir eine vier Meter hohe Wolke aus Schneestaub, wie mir hinterher berichtet wurde. Es war eine Nahtoderfahrung. Schwer zu beschreiben, wie sich das anfühlte. Wie ein weißes Handtuch im Schleudergang in der Waschmaschine – das trifft es wohl am besten. Ich erinnere mich genau, dass ich auf einer ganz unemotionalen, vielmehr vollkommen bewussten Ebene dachte: Jetzt stirbst du. Zweimal dort unter dem Schnee hat mir meine innere Stimme ganz neutral und ohne jedes Pathos zugerufen: Jetzt stirbst du. Das war weder angsteinflößend noch schön, es *war* einfach. Für einen kurzen Moment sah ich mich außerhalb meines Körpers. Ich betrachtete meinen zusammengerollten Körper in diesem riesigen Schneeball von außen. Gleichzeitig, auf einer emotionalen Ebene, hörte ich bei jeder Umdrehung meine kleine Tochter rufen: »Mami, Mami.« Dann das unglaubliche Glück: Die Lawine hat mich zweihundertfünfzig Meter weiter unten einfach ausgespuckt.

Ich saß auf einem Felsvorsprung, ohne Skier, ohne Handschuhe, ohne Mütze, mit aufgerissener Hose. Der Tod hatte mir nur die Oberschenkel geprellt.

Seitdem weiß ich wieder ein wenig besser, dass es ganz schnell vorbei sein kann, das Leben. Und den Tag, an dem das passierte, feiere ich seither im Innersten als eine Art zweiten Geburtstag, also als einen Tag, an dem mir das Leben ein zweites Mal geschenkt wurde.

Vier Jahre später wollte ich Sterbebegleiterin werden. Eines Tages kam mir dieser Gedanke, ganz konkret. Ich hatte das Bedürfnis, sterbende Menschen in ihrer letzten Lebensphase zu begleiten. Ich wollte wissen, wie es ist, das Leben kurz vor dem Sterben. Und ich wollte da sein für Menschen, die ansonsten alleine sterben würden.

Anfangs dachte ich, was für eine abwegige Idee. Ganz im Sinne des Wortes: fernab von meinem Weg. Nach beinahe zwanzig Jahren Berufstätigkeit in der Medienbranche, in der internationalen und durchaus glamourösen Musik-, Fernseh- und Managementwelt, nach vielen Jahren in der Kunstwelt plötzlich Sterbebegleiterin? Gerade beim Musikfernsehsender MTV, den ich über drei Jahre führte, hatte ich es doch ganz im Gegenteil ausschließlich mit dem vollen Leben, mit jungen Menschen und jungen Inhalten zu tun. Und stets mit Zukunft. Und wie gerne habe ich später Geschäftsmodelle für das digitale Zeitalter entwickelt. Immer schneller, immer weiter, immer nach vorn – das war die Parole. Zweistelliges Umsatzwachstum war das große Mantra in meinem beruflichen Leben. Wachsen, nicht vergehen. Werden, nicht enden. Zwar hatte ich mir schon seit Längerem mehr Zeit für soziale Projekte genommen, aber deswegen musste ich ja noch lange nicht Sterbebegleitung machen. Es ist schließlich auch eine ziemlich zeitintensive Angelegenheit.

Dennoch, der Gedanke ließ sich nicht abschütteln. Er kam und ging, und ein bisschen unheimlich war er mir schon. Immer, wenn mir etwas nicht ganz geheuer ist, wenn ich vor etwas gehörigen Respekt oder Angst habe, finde ich stets tausend Dinge, die erst noch erledigt werden müssen. Dann räume ich sogar den Schreibtisch auf, lege Rechnungen ab, sortiere Bücher im Regal und taue – meist längst überfällig – das Gefrierfach ab. (Und das will schon was heißen.) Lauter vermeintlich wichtige Dinge, die vermeintlichen Vorrang haben. An irgendeinem Abend habe ich mich dann aber endlich getraut und mich überwunden, die zwei Wörter »Hospiz Berlin« bei Google einzugeben. Mit einem Glas Wein neben dem Computer. Zur Sicherheit. Monatelang hatte ich die Eingabe dieser beiden Wörter vor mir hergeschoben. So lange, bis sich dann doch irgendwann die Neugier durchsetzte. Noch konnte ja nichts passieren.

Bald darauf füllte ich einen Online-Fragebogen aus und wurde offensichtlich für qualifiziert genug erachtet, um zu einem persönlichen Vorgespräch mit zwei Kursleiterinnen eingeladen zu werden. »Warum wollen Sie denn eine Ausbildung zur ehrenamtlichen Sterbebegleiterin machen?«, fragten mich die beiden Kursleiterinnen. »So ganz genau kann ich das nicht sagen«, antwortete ich. »Das Thema hat mich auf irgendeine Weise gerufen. Sicher hat es etwas damit zu tun, dass ich in der Kindheit eine Verlusterfahrung durch den Tod meines kleinen Bruders gemacht habe.«

Ich erzählte also von meinen Begegnungen mit dem Tod und auch davon, dass ich immer schon gerne und oft Friedhöfe besucht habe. Sobald ich in eine neue Stadt komme, gehe ich auf einen Friedhof. Ich stelle mir dann vor, dass die Grabsteine zu mir sprechen. Ob »Frieda Meier, 1904–1982« ein erfülltes Leben hatte? Worüber hat sie gelacht? Was hat sie glücklich gemacht? Hat es Versäumnisse gegeben? Wer sind diese Menschen gewesen, denen hier nur durch diese äußerst knappen Angaben auf dem Grabstein ein Andenken bewahrt wurde? Hatten sie ein gutes Leben gehabt? Was war das, was ist das überhaupt, ein gutes Leben?, frage ich mich dann immer wieder.

Eine Woche später fand ich eine E-Mail des ambulanten Lazarus-Hospizdienstes in meinem Posteingang: Ich war für einen Ausbildungskurs angenommen. Es überkam mich ein mulmiges Gefühl. War das nicht doch ein bisschen unheimlich? Konnte ich das überhaupt, Menschen bis zu ihrem Tod begleiten? Hinzu kam: Der Kurs würde länger als ein halbes Jahr dauern, und er würde an Wochenenden und am frühen Abend stattfinden. Das aber waren genau die Zeiten, die felsenfest für meine noch recht kleinen Kinder reserviert sind.

Noch kann ich da raus, dachte ich. Noch kann ich sagen, dass ich es mir anders überlegt hätte, dass es von den Terminen her leider nicht passen würde, dass ich mich am Wochenende um meine Familie kümmern müsse und so weiter. An möglichen Ausreden mangelte es nicht. Ein Rückzieher wäre einfach. Nach dreimaligem Überschlafen aber hatte ich mich entschlossen. Ich würde es tun.

Die Ausbildung

Ob es dort einen guten Kaffee geben würde? Oder nur Tee, weil die Teilnehmer typmäßig eher in Richtung »Grüner-Tee-Trinker« gehen würden? Immer, wenn ich mit meiner Cappuccino-Tasse in der Hand auf Grüner-Tee-Trinker treffe, beschleicht mich unterschwellig ein leicht schlechtes Gewissen. Dann habe ich immer das Gefühl, zu genussorientiert zu sein und ein ungesundes Getränk zu mir zu nehmen, statt wohltuenden Tee zu trinken.

Um diesbezüglich lieber gar nicht erst aufzufallen, hatte ich meinen Coffee-to-go-Becher noch vor dem Haupteingang des Berliner Lazarus-Hospizes auf der Bernauer Straße ausgetrunken. Genau dort, wo früher die Mauer entlanglief. Die Mauer, als es sie noch gab, war sterbenden Menschen in den letzten Momenten ihres Lebens sicher egal, dachte ich, und auch heute war es ihnen in den letzten Tagen ihres Lebens bestimmt gleichgültig, ob sie noch stand oder nicht. Jetzt bloß nicht so rumphilosophieren, ermahnte ich mich. Ich versenkte den Pappbecher im Mülleimer und schritt mit leichtem Herzklopfen in den angegebenen Raum im ersten Stock. Um zu dem Ausbildungsraum zu gelangen, musste ich durch das Hospiz gehen. Vor einer Tür brannte eine Kerze, hier war also gerade jemand verstorben. Stille.

Was waren die letzten Worte, die in diesem Zimmer gesprochen wurden? Würde ich die Kraft haben, das auszuhalten, mit Sterbenden zusammen zu sein, bis zu ihrem letzten Atemzug? Menschen, die gerade noch etwas gesagt, gefragt, erbeten haben, deren Hand ich gerade noch hielt – und die schon kurz darauf einfach nicht mehr sind? Konnte ich ihnen wirklich etwas geben?

Mit diesen Fragen im Kopf erreichte ich den Kurs-Raum. Es waren schon einige Teilnehmer da; nicht ganz überraschend mehr Frauen als Männer. Wir waren insgesamt neun Kursteilnehmer und zwei Ausbilderinnen. Lauter unterschiedliche Gesichter, lauter unterschiedliche Gründe wohl, sich für die Hospizarbeit zu interessieren.

Der Kurs wurde mit einer »Befindlichkeitsrunde« eröffnet. Einer nach dem anderen mussten wir einen Stein in die Hand nehmen und sagen, wie es uns in diesem Moment ging. So etwas hatte ich bis dahin noch nie gemacht. Weil ich aus einer Welt komme, in der nicht nach Befindlichkeiten gefragt wird. Das Wort »befindlich« war mir vielmehr bislang nur in einem negativen Kontext begegnet – so im Sinne von »Geh mir jetzt nicht auf die Nerven mit deiner Stimmung« und »Stell dich bloß nicht so an«. Entsprechend unsicher war ich also, wie ich mit dieser Frage umgehen sollte. Wie einige andere auch, antwortete ich ganz ehrlich: »Das ist Neuland hier. Ich bin gespannt, was in diesem Kurs passiert und muss gestehen, dass ich auch etwas aufgeregt bin.« Zunächst fragte ich mich, ob das Feststellen der Befindlichkeiten aller Kursteilnehmer nicht banaler Psychokram wäre. Dann stellte ich aber fest, dass es nicht schlecht ist, wenn jeder am Anfang und auch am Ende eines Kurstages sagt, wie es ihm gerade geht. Denn damit wird sofort eine vertrautere Atmosphäre geschaffen, und die Unsicherheit den anderen Teilnehmern gegenüber schwindet. Auch kann man den anderen achtsamer begegnen, wenn man weiß, wie sie sich gerade fühlen.

Im weiteren Verlauf zeigte sich sehr schnell, dass die Ausbildung nicht besonders theoretisch, sondern primär praxisorientiert sein würde. Es ging darum, uns Teilnehmer durch Übungen und Rollenspiele, so gut es eben ging, spüren zu lassen, wie es sich anfühlen musste, das Leben am Ende des Lebens. Und so unmöglich mir das anfangs zu sein schien, so sehr war ich jedes Mal doch erstaunt, wie vermittelbar dieses Gefühl ist, selbst wenn es nur simuliert wird.

Einmal sollten wir zum Beispiel auf eine Papierkrawatte schreiben, was uns am allermeisten am Herzen liegt. Dann sollten wir uns die Krawatte um den Hals hängen. Anschließend gingen die Kursleiterinnen mit einer Schere im Kreis herum und schnitten schweigend Wort für Wort ab. Die Krawatte wurde immer kürzer, und als dann auch das letzte Wort, »Die Liebe meiner Kinder«, abgeschnitten wurde, schnürte es mir den Hals zu.

»Loslassen« hieß die Übung. Kann man das üben?

Ich lernte: Ja, man kann. Vorausgesetzt, man will.

Je mehr Übungen ich mitmachte, desto dringlicher kam in mir die Frage hoch, ob ich das alles würde aushalten können, wenn es an die reale Begegnung mit dem Sterben ginge. Und nicht nur aushalten, sondern ob ich diesen Menschen auch wirklich etwas Sinnvolles würde geben können. Würde es mir tatsächlich gelingen, im richtigen Moment das Richtige zu tun oder zu lassen? Was würde passieren, wenn ich etwas Unangebrachtes tun oder sagen würde? Oder wenn ich spüren würde, dass ich in einer bestimmten Situation an meine Grenzen käme, wenn ich die Traurigkeit zum Beispiel zu nahe an mich herankommen ließe?

Auf einem weiteren Übungszettel, der an uns ausgeteilt wurde, stand: »Wann sagen wir, ist jemand sterbend? Ab wann nimmt sich ein Mensch als ›sterbend‹ wahr? Wann sagen andere, jemand ›liegt im Sterben‹? In gewisser Weise sind wir vom Tag unserer Geburt an ›Sterbende‹: Wir gehen unaufhaltsam dem Tod entgegen. Versuchen Sie, mit eigenen Worten zu beschreiben, wann Sie einen Menschen als ›sterbend‹ bezeichnen würden.«

Ich schrieb: »Als sterbend wahrgenommen wird, wessen Körper bald aufhört zu sein. Erst dann wird Außenstehenden bewusst: Jemand stirbt.« Und beim Schreiben merkte ich, wie lange man über diese Frage eigentlich nachdenken kann und wie viele unterschiedliche Antworten hier möglich sind.

So war es dann auch: Jeder schrieb etwas anderes – und jeder Gedanke dazu hatte seine Berechtigung. Und zum ersten Mal begriff ich, dass es bei der Sterbebegleitung kein grundsätzliches Richtig oder Falsch gibt. Dass es keine ausschließliche Wahrheit gibt. Dass man nur versuchen kann zu lernen, sterbenden Menschen so zu begegnen, dass sie in ihrer letzten Lebensphase noch einmal die Möglichkeit erhalten, zu sich zu kommen. Es geht um die innere Lösung des Sterbenden, um seinen inneren Weg, nicht mehr um einen äußeren. Dazu gehört, dass man als Begleitender weder selbst Lösungen anbietet noch die geäußerten Gefühle bewertet.

Eine der beiden Kursleiterinnen erzählte in diesem Zusammenhang einmal, dass ein sterbender Mann kurz vor seinem Tod zu ihr gesagt habe: »Wissen Sie, Sie sind die einzige Person, die mir nicht geantwortet hat: ›Sie müssen keine Angst haben‹, als ich sagte: ›Ich habe große Angst vor dem Sterben.‹ Das hat mir unheimlich geholfen. Ich konnte von meiner Angst erzählen. Sie wurde ernst genommen.«

Ein ganzes Wochenende lang beschäftigten wir uns deshalb mit verbaler und nonverbaler Kommunikation. Haben Sie schon einmal eine Viertelstunde jemandem gegenübergesessen und ihm total uneingeschränkt und ohne jede Rückmeldung zugehört? Also ohne zu nicken, ohne jede andere zustimmende oder widersprechende Geste, ohne gleich den vielen eigenen Gedanken freien Lauf zu lassen, die einem unweigerlich in den Kopf schießen bei dem Gehörten? Ohne ungeduldig darauf zu warten, endlich selbst wieder reden zu dürfen? Auf diese Weise mit ausschließlicher Konzentration auf sein Gegenüber zuzuhören ist gar nicht so leicht, wie es sich anhört.

In einer weiteren Übung sollte sich abwechselnd jeder Kursteilnehmer eine halbe Stunde lang auf den Boden legen und schweigen. Ein anderer sollte dann diesen Teilnehmer, der einen Wachkoma-Patienten simulieren sollte, berühren. Es war eindrucksvoll, wie sich das anfühlte. Weil man, wenn man so regungslos daliegt, das Ausgeliefertsein an andere unglaublich intensiv zu spüren bekommt. Stellen Sie sich einfach vor, Sie könnten nicht mehr entscheiden, wer Ihre Hand hält, wer Sie an welcher Körperstelle streichelt. Für mich ist das ein sehr unangenehmer Gedanke. Umso mehr kommt es daher darauf an, respektvoll und achtsam mit Berührungen umzugehen.

An einem anderen Wochenende beschäftigten wir uns mit dem Vergeben, dem Verzeihen, auch mit dem Umdeuten. Dem

Sterbenden zu helfen, sich und anderen am Ende seines Lebens zu verzeihen, gehört zum Wichtigsten in der Hospizarbeit. Dazu gehört zu begreifen, dass jede noch so schlechte Eigenschaft, die wir an uns finden, auch eine gute Seite hat. Diese anzuschauen und auch anzunehmen gilt es dem Sterbenden zu vermitteln.

Den eigenen Nachruf schreiben – mein Schlüsselerlebnis

Eines Tages sagte die Kursleiterin in die Runde: »Bei der nächsten Übung gehen Sie bitte davon aus, dass Sie übermorgen sterben werden. Definitiv. Sie können sich das nicht vorstellen? Doch, können Sie. Sie müssen nur wollen. Nehmen Sie sich Stift und Papier und schreiben Sie einen Nachruf auf sich selbst. Jetzt. Sie haben eine Viertelstunde Zeit.«

Ausgeschlossen, dachte ich sofort. In der vorangegangenen Übung hatten wir, jeder für sich, unser Begräbnis organisieren sollen. Das ging ja noch. Ob wir Blumen auf unserem Grab haben wollten, ob wir überhaupt ein Grab wollten, Urnen oder Sargbestattung, mit oder ohne Zeremonie, geistlich oder nicht, Musik oder Stille, viele oder wenige Leute, was gesagt werden und worüber besser geschwiegen werden sollte. Das war mir nicht weiter schwergefallen, denn Kirchenmusik ist zum Beispiel mein Ding, ich kenne jedes klassische Requiem in- und auswendig. Ich mag die Ewigkeit und die Erhabenheit, die in dieser Musik zu spüren sind. Und auf meinen vielen Spaziergängen auf Friedhöfen schaue ich immer nach schönen Grabsteinen, nach den Blumen auf den Gräbern und den Bäumen um sie herum, und suche, meist vergeblich, nach Inschriften, die mehr verraten als nur die üblichen Daten. Das Thema Begräbnis ist mir also irgendwie vertraut, und so hatte ich mit derselben inneren Gelassenheit, mit der ich To-do-Listen für

Einkäufe oder Handwerker schreibe, die einzelnen Punkte für mein Begräbnis aufgelistet.

Aber jetzt einen Nachruf auf mich selbst schreiben? Wie bitte schön sollte denn das gehen? Wie sollte ich in fünfzehn Minuten einen Rückblick auf mein Leben abliefern? Mal eben schnell zu Papier bringen, wer ich gewesen sein wollte? Wie ich in Erinnerung bleiben sollte? Dafür hätte ich eigentlich Stunden, Tage, am liebsten ein paar Wochen gebraucht – und ganz viel Ruhe und Alleinsein, um darüber nachzudenken. Eine gute Bilanz zu ziehen braucht Zeit. Stattdessen hatte ich jetzt das Gefühl, in Windeseile einen ganzen Ozean in einem Wassertropfen unterbringen zu müssen. Ein schwieriges Unterfangen. Bis sich mir auf einmal die Frage aufdrängte: Hey, wie wichtig nimmst du dich eigentlich gerade, dass dir das so unheimlich schwerfällt? Eigentlich könnte es dir doch vollkommen egal sein, was über dich an deinem Grab gesagt wird und von wem. Du bekommst es doch eh nicht mehr mit. Aber ich merkte: Es war mir nicht egal. Es war vielmehr die perfekte Möglichkeit, ein paar Dinge aus meiner ganz eigenen Sicht geradezurücken, ohne Widerspruch und Gegenargumente anhören und ertragen zu müssen. Wie bequem! Eine Möglichkeit, jedem im Nachhinein mitzuteilen, wie ich wirklich war. Wie eitel ist das denn?, dachte ich dann wiederum. Was für ein großes Ego da doch spricht. Aber warum eigentlich nicht? Auch das kann mir doch egal sein. Aber anscheinend war mir noch lange nichts so egal, wie es egal sein könnte und vielleicht sollte, wenn ich tot sein würde.

Zeitnot funktioniert ja immer, wenn es darum geht, die Dinge auf den Punkt zu bringen. Eine Art Lebenslauf mit Schule, Studium, Arbeitsstationen, Freundschaften, Beziehungen, Kindern, Hobbys, sonstigen Fähigkeiten, Vorlieben und Erfahrungen schied daher aus. Dann also so etwas wie die Top-Ten-Erfahrungen meines Lebens? Ich hatte bereits kostbare Minuten mit meinen Reflexionen über meine Eitelkeit oder Uneitelkeit angesichts des eigenen Todes verschwendet, und jetzt waren noch weitere fünf Minuten vorüber. Ich konnte mich nicht weiter damit aufhalten, mich an alles Erlebte und Gewesene zu erinnern, mir zu überlegen, welches der vielen Kapitel meines Lebens ich unbedingt erzählen wollte, und wer und was wichtiger war als andere oder anderes, und wer und was noch wichtiger war als das Wichtige. Und was ich meinen Hinterbliebenen noch sagen wollte. Schnell schossen mir Sätze durch den Kopf wie: »Gerne hätte sie noch …« und »Schade eigentlich, dass sie nun nicht mehr dazu kommt.« Ich musste schmunzeln. »Eigentlich hätte sie gerne noch kreativ gearbeitet, weil sie darin die höchstmögliche Freiheit vermutete, sich ausdrücken zu können, und vielleicht hätte das ja auch noch geklappt, hätte sie doch nur weiterleben dürfen …« Dann erschrak ich. Ich, die Konjunktiv-Hasserin, die immer überzeugt gewesen war, dass sich, bewusst oder unbewusst, hinter Konjunktiven nur Angst und Unsicherheit versteckten, schrieb plötzlich Sätze mit Wörtern wie »hätte«, »wäre«, »würde«? Ich, die den Werbeslogan »Just do it« der Sportmarke Nike als Lebensphilosophie übernommen hatte. Und gerade eben nicht »Had I only«. Und was machte ich jetzt hier inmitten dieser Übung, viele Jahre später? Ich machte genau das, was ich stets verachtet hatte. Schrieb mein halbes Leben im Konjunktiv auf. Versteckte meine Ängste dahinter.

Anschließend musste jeder Kursteilnehmer seinen Nachruf auf sich selbst in der Runde vorlesen. Das war für mich der intensivste Moment des ganzen halbjährigen Kurses, ein Schlüsselerlebnis. Es war extrem unangenehm. Wie ein Seelen-Striptease. Wie ein narzisstischer Akt von Exhibitionismus. Und irgendwie peinlich. Zu gerne hätte ich meinen Nachruf schnell in die Tasche und zu Hause in eine Schublade gesteckt. Hatte ich nicht etwas übertrieben, was ich alles Großartiges erlebt und verändert hatte? War ich wirklich eine gute Mutter? Hatte ich andererseits an manchen Stellen nicht auch das reflexhafte Understatement zu weit getrieben, mein Licht unter den Scheffel gestellt und war mir so genauso wenig gerecht geworden? Nie zuvor in meinem Leben war mir so klar geworden, wie schwer es ist, sich selbst zu beurteilen. So viele Menschen hatte ich im Beruf beurteilt, hatte ihnen Zeugnisse ausgestellt und ihre Leistungen bewertet – aber mich selbst?

Erst später verstand ich, dass es beim Rückblick am Lebensende nicht so sehr um ein Urteil geht. Sondern darum, sein Leben so anzunehmen, wie es war. Ohne zu werten. Eine ziemlich schwierige Aufgabe. Ich bin mir auch nicht sicher, ob ein Rückblick auf ein abgelaufenes Leben ohne Wertung auskommt bzw. auskommen sollte. Denn was spricht dagegen, es zum Beispiel als pures Glück zu werten, dass man mit einem Hauptschulabschluss gut durchs Leben gekommen ist?

Dieses Nachrufschreiben am Ende des halbjährigen Kurses hatte es in sich. Nie zuvor war ich so direkt und radikal mit der Frage konfrontiert worden, was mir wichtig war in meinem Leben. Ich musste seitdem immer wieder an diese Übung denken. Und sie hat mich schließlich auf den Gedanken zu diesem Buch gebracht.

Gespräche mit Sterbenden: »Dieser Mensch war ich«

Wie wäre es, begann ich mich zu fragen, wenn Menschen, die wissen, dass sie am Ende ihres Lebens stehen, mir ihren eigenen Nachruf diktierten? Wenn diese Übung im Sterbebegleitungskurs also keine in Gedanken durchgespielte Vorübung mehr wäre, sondern Wirklichkeit? Würde es den Menschen nicht auch helfen, ein ehrliches Andenken zu bewahren? Könnten sie auf diese Weise nicht selbst darüber bestimmen, wie sie in Erinnerung bleiben wollen, was sie über ihr Leben im Rückblick denken? Und auf diesem Weg möglicherweise ihren Hinterbliebenen noch Dinge mitteilen, weil sie es zu Lebzeiten nicht konnten – aus Scham, aus Furcht oder aus unerwiderter Liebe. Warum sollte nicht, wer mochte, sich am Lebensende mit seinen ganz eigenen Gedanken selbst gerecht werden?

Wie oft erlebt man schließlich auf Beerdigungen, dass während der Trauerfeier irgendwelche Dinge gesagt werden, nur weil eben irgendetwas von irgendjemandem gesagt werden muss. Wie oft bekommt man Worte zu hören, die nicht ansatzweise dem Verstorbenen gerecht werden. Wie oft ist das Gesagte verkürzt, unzutreffend, nicht selten geheuchelt. Ist das nicht ausgesprochen würdelos? Wie viel besser wäre es, einfach zu schweigen, denke ich mir dann. Der Würde zuliebe. Oder aber etwas vorzutragen, das der oder die Verstorbene selbst aufgezeichnet hat. Das wäre von einer ergreifenden Echtheit. Es müsste ja kein Nachruf im eigentlichen Sinne sein – ein Rückblick auf das eigene Leben reichte ja schon. Dies entspräche dann auch einer ehrlicheren und würdigeren Begräbniskultur. Auf eine bestimmte Art könnten Hinterbliebene unverklärter trauern – oder auch nicht.

Auch in den Todesanzeigen, die täglich in regionalen und überregionalen Zeitungen zu lesen sind, findet sich ja nichts über den Menschen selbst. Unter dem Namen des Verstorbenen stehen meist das Geburts- und Sterbedatum und dann die Namen der Angehörigen und Freunde. Dazu fast immer noch ein Spruch, eine Weisheit, mal ein Zitat aus der Bibel, mal eins von Rilke, Goethe oder Hesse, mal ein paar Gedanken vom Verstorbenen selbst. Manchmal finden sich Zusätze wie »plötzlich und unerwartet« oder »nach einem langen Leiden«. Mehr nicht. Diese Angaben sagen nichts über den Verstorbenen aus.

Er verschwindet zwischen Feuilleton und Wirtschaftsteil. Eine Anzeige unter vielen, zusammengestellt aus Fakten. Doch was für ein Leben ist hier zu Ende gegangen? War es ein erfolgreiches, ein glückliches oder ein unzufriedenes, vielleicht ein versäumtes? Wusste dieser Mensch, wie es geht, das Leben?

So etwas erfahren wir allenfalls von berühmten und öffentlich bekannten Personen. Über sie ist kurz nach ihrem Tod ein meist umfassender Nachruf in den Zeitungen zu lesen. Wir wissen auch, wie große Philosophen, Dichter und Denker starben. Sie haben der Nachwelt oft detailliert hinterlassen, was sie empfanden, was sie bewegte in ihren letzten Stunden. Aber was denkt die Verkäuferin im Supermarkt, was der Kfz-Mechaniker, was die Gemeindemitarbeiterin von nebenan? Wie betrachten ganz gewöhnliche Menschen ihr Leben, wenn sie im Sterben liegen? Sind es Antworten auf die großen Fragen des Lebens, die sie eventuell gefunden haben und hinterlassen könnten? Oder sind es Banalitäten? Aber wer entscheidet eigentlich, was banal ist und was nicht? Was ist wichtig, ganz am Ende? Ist es möglicherweise das Gleiche, das immer schon wichtig war – oder etwas ganz anderes? Und woran erinnert sich jemand – dann, wenn es zu Ende ist, das Leben?

Mit diesen Fragen im Kopf begann ich, Gespräche mit Sterbenden und Menschen an ihrem Lebensende zu führen und sie zu fragen, welcher Mensch sie eigentlich gewesen sind. Bei ihnen zu Hause, in Pflegeheimen und in Hospizen habe ich fast hundert verschiedenen Nachrufen und Lebensrückblicken zugehört, die meine Gesprächspartner auf sich selbst gegeben haben. In großen Städten wie Berlin, Hamburg und München und in den kleinsten Dörfern. Auch in den USA habe ich sterbende Menschen nach ihrem persönlichen Resümee gefragt.

In einem Hospiz verbringen Menschen die letzte Zeit ihres Lebens, manchmal sind es nur ein paar Tage. Dann ist es für ein Rückblick-Gespräch zu spät. Viele verbringen mehrere Wochen im Hospiz, in Ausnahmefällen sind es sogar Monate. Die meisten sind sich darüber bewusst, dass sie dort sterben werden. Es gibt aber auch Menschen, die das verdrängen und die Situation eher so wahrnehmen, als seien sie in einem Pflegeheim oder einer Rehabilitationsklinik. Jedenfalls ist die gesamte Betreuung dort mit viel Respekt und Würde darauf ausgerichtet, den Menschen jeden Wunsch an ihrem Lebensende zu erfüllen.

Meine anfänglichen Bedenken, dass sich nur sehr wenige zu einem Gespräch über ihr abgelaufenes Leben bereit erklären würden, erübrigten sich schnell. Dass sich überhaupt jemand dafür interessierte, wie sie ihr Leben am Ende selbst sahen – das hat die meisten der Patienten erfreut, die ich während der letzten Jahre als Sterbebegleiterin besucht habe. Manche wollten ihren eigenen Rückblick nicht aufzeichnen lassen, aus Sorge, zu ehrlich zu sein und dann ihre Hinterbliebenen zu sehr zu belasten. Einige, die zunächst skeptisch waren, wurden von den Lebensrückblicken anderer überzeugt.

Alle Menschen, mit denen ich ein Gespräch führte, haben ihren Text vor der Veröffentlichung in diesem Buch autorisiert. Manchmal fragte ich mehrmals nach, ob sie die Dinge wirklich so direkt und unmittelbar stehen lassen wollten: Es gab fast niemand, der auch nur ein Wort geändert oder abgemildert wissen wollte.

Nichts ist also geschönt an diesen ganz persönlichen Lebensbeurteilungen. Jeder hat seine eigene Sprache, seine eigene Dramaturgie, seine eigenen Schwerpunkte. Nur die Namen wurden auf Wunsch der Sterbenden geändert. Manche wollten ihre Krankheit nicht genannt wissen, dann habe ich sie weggelassen. Sonst habe ich nichts geändert.

Ich habe sie glücklich gemacht, zumindest für einen Moment

Ich möchte nicht, dass ihr all die Lügen glaubt, die irgendein Geistlicher an meinem Grab aussprechen würde. Einige von euch, die mich zu kennen glauben, würden ihm erzählen, was für ein guter Mensch ich trotz allem doch war. Nein danke. Es könnte mir egal sein, weil ich es nicht mehr hören muss. Es ist mir aber nicht egal. Ich verabscheue den Gedanken an so viel Unwahres, das ihr über mich wisst und denkt. Daher hinterlasse ich euch hier das, was ihr wissen solltet. Lest es vor, wenn ihr an meinem Grab steht.

Ich glaube nicht, dass mein Leben, so wie es verlief, viel mit mir zu tun hatte. Es hat mich bis zuletzt einfach so gelebt. Und es war nicht schlecht. Ich war nie der Typ, der Kontrolle haben wollte. Ich habe auch nichts gesucht, mich nach nichts Großem oder Besonderem gesehnt. Die Dinge haben sich einfach so entwickelt. Ich hatte das Glück, nie misshandelt oder missbraucht worden zu sein, dazu war ich eine viel zu kleine Nummer, und auch viel zu unattraktiv. Mit Anfang zwanzig, ohne Ausbildung, fand ich endlich diesen Job in einer Firmenkantine in Köln. Dort habe ich neunzehn Jahre lang tagaus, tagein Mittagessen ausgegeben, Menü eins war immer am teuersten, aber auch am besten. Das Salatbüfett habe ich eingeführt, das ist die einzige berufliche Leistung, die ich mir wirklich auf die Fahne schreiben kann. Einmal täglich etwas halbwegs Gesundes. Es gab einen Wettbewerb unter den Mitarbeitern, und mein Vorschlag für das Salatbüfett hat gewonnen. Den zweiten Preis hat eine Kollegin gemacht, sie wollte, dass es am späten Nachmittag noch mal frische Semmeln geben würde. Sie war dann auch ein bisschen sauer auf mich. Vermutlich weil sie nicht selber drauf gekommen ist.

Vielleicht habt ihr euch gefragt, warum ich ein Auto hatte und auch zweimal im Jahr in den Urlaub fahren konnte. Dafür hätte das Geld aus dem Kantinenjob nie gereicht. Jetzt kann ich es euch ja sagen, ich muss schließlich keine Angst mehr vor euren Reaktionen haben: Nachts habe ich als Prostituierte gearbeitet. Erst alle zwei Wochen, dann immer häufiger, bis ich krank wurde fast täglich. Es war okay. Ich habe mich mit den Kunden gut verstanden, ich habe sie glücklich gemacht, zumindest für einen Moment. Und ich habe gut verdient. Von einem wurde ich schwanger. Jetzt weißt du, Tanja, woher ich deinen Vater kenne, dessen Namen ich nie erfuhr und den ich dir nie vorstellen konnte. Der Moment, als ich merkte, dass ich schwanger war, war schon ein Schock. War es verantwortungslos, dich zur Welt zu bringen?

Danach ist alles irgendwie schiefgelaufen, ich habe nicht viel dagegen tun können. Vielleicht war meine größte Schwäche, dass ich immer alles habe laufen lassen, mir zu wenig Gedanken gemacht habe über alles. Tanja, bitte glaube mir: Ich habe ein verdammt schlechtes Gewissen. Ich kann nicht sagen, wie das mit dem Trinken angefangen hat, der Rückblick tut weh, ich sehne mich nach der Zeit zurück, als noch alles gut war. Und jetzt willst du mich nicht mehr sehen, weil ich Alkoholikerin bin. Überhaupt will mich seit meiner Krebsdiagnose niemand mehr sehen, nach neunzehn Jahren in der Kantine rief ein Kollege zweimal an, sonst nichts. Ich funktioniere ja auch nicht mehr.

Mach es besser, meine Tochter, raff dich auf und lass dich nicht gehen, so wie ich es getan habe. Ich hätte dich so gerne noch um Verzeihung gebeten, es hätte mein schweres Herz erlöst. Bitte verzeihe mir – irgendwann. Dass wir uns im Himmel wiedersehen, daran glaube ich nicht. Lebt wohl.

Johanna Thalmann, 53 Jahre, Lungenkrebs
verstorben im Mai 201*

Ich sehne mich hin und wieder schon nach dem Leben, das ich eigentlich gerne gelebt hätte

In meinem Leben ist eigentlich nichts Besonderes passiert. Meine Freunde würden das wahrscheinlich nicht so sehen, aber ich schon. Ich meine das auch gar nicht negativ. Denn was Besonderes kann ja auch was Schlechtes sein, und was wirklich Schlechtes habe ich nicht erlebt.

Als ich neunzehn war, starb meine Mutter ganz plötzlich. Sie hatte eine Äppelwoi-Kneipe in der Nähe von Frankfurt, die hatte schon meine Großmutter. Diese Kneipe lief immer gut, läuft sie heute noch. Ich hab sie dann übernommen, weil ich dachte, das sei ich meiner Mutter schuldig. Dabei hatte ich gerade meine Ausbildung zum Maschinenschlosser beendet und wurde von dem Betrieb als einziger von allen Azubis übernommen. Dann passierte das mit meiner Mutter, und seitdem ist mein Leben also diese Kneipe. Jeden Tag. Übers gute Geld kann ich mich wie gesagt nicht beklagen, das ist ein Selbstläufer. Wir zeigen Live-Fußball, haben unsere Stammgäste und im Sommer auch Touristen. Es ist immer gute Stimmung, und was Gutes zu essen gibt es auch.

Wenn man so eine Kneipe betreibt, findet man natürlich auch schnell Freunde. Das ist das Schönste an dieser Arbeit. Ich habe nämlich viele gute Freunde. Meinen Vater habe ich nie kennengelernt, meine Mutter hat ihren Vater auch nie kennengelernt und meine Großmutter auch nicht. Erstaunlich, oder? Das zieht sich wie ein roter Faden durch unsere Familie. Vielleicht war ich deswegen auch nie daran interessiert, zu heiraten oder selber Kinder zu haben. Brauche ich auch nicht, ich habe wie gesagt viele Freunde. Und die Frauen, die kommen und gehen am Tresen vorbei, da hab ich nie was anbrennen lassen. Und immer, wenn die dann gemerkt haben, dass ich mich nicht binden will, sind sie von alleine wieder gegangen. Das ist also immer unkompliziert gelaufen.

Das Einzige, womit ich immer wieder gehadert habe, ist die Frage, ob es damals die richtige Entscheidung war, die Kneipe zu übernehmen. Ich hätte sie doch auch verkaufen können und meiner Leidenschaft als Schlosser nachgehen können. Vielleicht hätte ich es irgendwann zum Meister gebracht – nein, nicht vielleicht, sondern ganz sicher. Und dann wäre ich ins Ausland gegangen, um dort meinen Horizont zu erweitern. Hätte noch eine Ausbildung obendrauf gesetzt, vielleicht sogar Maschinenbau studiert, wäre Ingenieur geworden. Hätte es irgendwo zum Abteilungsleiter gebracht oder zum Chef. Man hätte in der Zeitung von mir gelesen. Da bin ich mir sicher.

Ja, solche Gedanken habe ich immer wieder. Nachts, wenn ich die Kneipentüre abgeschlossen habe und auf meinem Motorrad nach Hause fahre. Dann kommen sie hoch, die Zweifel. Ob ich mich nicht doch für ein spannendes Leben hätte entscheiden sollen. Für was Besonderes. Habe ich das wirklich nur für Mama getan? Die hätte es doch eh nicht mitbekommen, wenn ich ihren Laden verkauft hätte. Aber mein schlechtes Gewissen, das wäre dann auch immer da gewesen. Ich kann nicht sagen, wie gut und ob überhaupt ich es hätte unterdrücken können. Oder habe ich mich etwa nur aus Bequemlichkeit so entschieden? Ich weiß es nicht. Aber ich sehne mich hin und wieder schon nach dem Leben, das ich eigentlich gerne gelebt hätte.

Jetzt ist es zu spät dazu. Macht euch aber keine Gedanken, Leute. Damit meine ich vor allem Alfred, Günni, Horst und Thorsten. Ihr seid meine besten Freunde. Und euch hätte ich nie gehabt, wenn ich in die große Welt rausgegangen wäre, Karriere gemacht hätte. Deswegen habe ich euch das auch nie gesagt, dass ich mir mein Leben ganz anders vorgestellt habe. Und dass ich meine Entscheidung, die ich damals mit neunzehn getroffen habe, immer mal wieder hinterfragt habe. Ich ärgere mich nur ein bisschen. Jetzt, wo ich zwangsweise zurückblicken muss, frage ich mich natürlich: Warum habe ich es nicht mit dreißig oder vierzig angepackt?

Stattdessen saß ich jeden Montag, an meinem Schließtag, im Schrebergarten draußen, ein kaltes Bier in der Hand, habe mit euch Karten gespielt und den lieben Gott einen guten Mann sein lassen. Wer weiß, vielleicht ist das wertvoller als jede Karriere. Und dazu habe ich ein gutes Gewissen. Danke für alles, was wir gemeinsam erlebt haben. Trinkt immer mal wieder einen auf mich, aber weint bitte nicht um mich. Sonst werde ich böse.

PS: Die Kneipe geht an euch, aber es soll sich keiner verpflichtet fühlen, sie weiterzubetreiben. Verkauft sie, dann seid ihr frei.

Dirk Richter, 66 Jahre, Leukämie
verstorben im Oktober 201*

Auf einmal wusste ich, dass ich selbst für mein Leben verantwortlich bin

Im Grunde genommen könnte ich jetzt schon sterben. Ich habe ein abwechslungsreiches, tolles Leben gehabt, und meine Kinder sind selbstständig. Ich habe auch nichts mehr offen, nicht so ein Paket, wo Probleme drin sind, das ich nicht aufgeschnürt habe. Aber Lust zu sterben habe ich nicht.

Wenn du weißt, was dein Leben ist, dann ist es schön, wenn man das leben kann. Schon seit längerer Zeit habe ich mein Leben so eingerichtet, dass ich glücklich bin. Das, was ich tue, mache ich gerne, ich reise viel und lasse Liebe bei meinen Kindern ausströmen. Ich glaube, das Beste, was man seinen Kindern geben kann, ist, selbst glücklich zu sein. Und meine beiden Söhne wollten immer, dass ich glücklich bin. Wenn ich zum Beispiel gesagt habe, ich würde gerne das und das tun, kam immer von beiden die Antwort, Mutter, rede nicht so viel, mach's.

Meine eigenen Bedürfnisse zu leben musste ich aber erst lernen. Das kam, als ich so um die vierzig war und eine Polyarthritis kriegte. Plötzlich konnte ich mich nicht mehr bewegen, alle Gelenke waren entzündet. Bisher hatte ich nach dem Frauenbild gelebt, das ich in der Schule gelernt hatte. Vergiss dich selbst und lebe für deinen Mann und deine Kinder, um sie glücklich zu machen. Als mein Mann fremdging, schrieb ich mir das zu. Ich bin's halt nicht, die ihn glücklich machen kann. Ich war mit einundzwanzig in ein Leben reingerutscht, das ich eigentlich gar nicht gewollt hatte. Mein einstiger Mädchentraum, später mal auf einem Pferd einen ganzen Tag lang durch meine Farm in Südamerika zu reiten – gekappt.

Als ich die Polyarthritis hatte, merkte ich, dass sich die Leute von mir entfernten, wenn ich über meine Schmerzen jammerte. Es machte mich aber auch nicht zufrieden, wenn sie sagten, Gott, du Arme, wie schrecklich. Als mir prognostiziert wurde, bald im Rollstuhl zu sitzen, dachte ich, gut, dann bin ich halt gehandicapt, aber ich finde trotzdem etwas, das ich machen kann. Und dann stellte ich mir vor, wie ich in meinem Rollstuhl auf den Kinderspielplatz fahre und den Kindern Märchen vorlese. Auf einmal wusste ich, dass ich selbst für mein Leben verantwortlich bin. Ich trennte mich von meinem Mann, studierte, ergriff einen Beruf als Sozialarbeiterin, wo ich Studierenden half, reiste und führte schöne Liebesbeziehungen.

Ich glaube, das Beste, was ich in meinem Leben vollbracht habe, war, meinen Kindern Liebe zu geben. Nicht nur, indem ich selbst für mein Glück sorgte, sondern indem ich mich gefreut habe, wenn sie glücklich waren. Als mein ältester Sohn seinen ersten Freund hatte, fuhren wir zusammen in meinem kleinen Auto nach Paris. Martin und Dennis saßen vorne, weil ich wollte, dass sie nebeneinander sitzen. Dennis legte seinen Arm um Martin und spielte mit den Händen erst in seinen Haaren, dann an seinem Ohrläppchen. Ich sah, wie Martin das genoss, und dachte, oh Gott, wie schön für meinen Sohn, er wird ganz offensichtlich geliebt, er ist glücklich. Ich habe meinen Kindern immer gesagt, mach dein Leben, schau, dass es dir gut geht. Und: Dein Leben kann anders sein als meins. Die beiden sind völlig unterschiedlich. Michael hat Familie und Martin hat sich in Thailand ein paar Äcker gekauft und probiert sich in tropischer Landwirtschaft aus. Mich freut es, wenn sie glücklich sind. Egal wie und mit was.

Da es mir wichtig war, möglichst selbstbestimmt zu leben, wäre es schon schön für mich, auch selbstbestimmt zu sterben.

In der Art, ich schlucke jetzt eine Tablette, und mein Leben ist damit beendet. Also, ich habe Respekt vor den Leuten, die es fertiggebracht haben, ihrem Leben würdevoll ein Ende zu machen. Ich habe mir auch immer gedacht, man stirbt leichter, wenn man zufrieden ist. Und man sollte nicht gegen den Tod kämpfen. Sondern sich ihm hingeben und sagen: Es war schön, dass ich leben konnte, schade, dass es zu Ende ist, aber es ist zu Ende. Ich hoffe nur noch nicht so schnell.

Susanne Möbius, 74 Jahre

Ich habe das Gefühl, richtig gelebt zu haben

Wie ist das Dasein, wenn es keine Hoffnung mehr auf irgendetwas gibt? Keine Perspektiven, keine Zukunft? Dann muss man das Leben aus einem anderen Blickwinkel betrachten. Wie eine Rose, die man von oben, von unten, von der Seite oder aus der Diagonalen anschauen kann. Aus jeder Perspektive sieht sie anders aus. So kann ich entweder nur die Dornen betrachten oder aber die Blüte.

Bei mir ist die Blüte verwelkt. Ich liege hier und bin bald nicht mehr da. Eigentlich nicht zu begreifen. Man kann es mir tausendmal sagen, ich kriege es einfach nicht in meinen Kopf rein. Aber so wird es sein. Und auch wenn meine Blüte verwelkt ist, ist das noch lange kein Grund, dass ich mir nur die Dornen ansehen muss. Das ist jetzt meine Aufgabe, und das möchte ich auch hinterlassen.

Ich habe nämlich ein gutes Leben gehabt. Mit gut meine ich, dass ich das Gefühl habe, richtig gelebt zu haben. Mit allen Hochs und Tiefs. Wie eine Achterbahn, die immer rauf- und runtergeht. Und manchmal auch einen Überschlag macht. Das ist für mich das Leben. Je älter man wird, desto mehr weiß man ja auch, dass es nach einem Tief auch irgendwie immer wieder bergauf geht. Das Schwierige ist nur, aus den schlechten Zeiten etwas zu lernen. Das muss man schon wollen, von alleine lernt man nichts. Meine schlechteste Zeit war, als mir gekündigt wurde. Ich bin Koch von Beruf. Besonders gut kann ich italienisch kochen. Ich bin ja auch Italiener. Wir waren ein tolles Team in der Küche. Und dann plötzlich kam unser Chef an und sagte: Wir müssen den Laden dichtmachen. Es kommen zu wenig Leute. Und wenn sie kommen, dann bestellen sie nur eine Apfelschorle oder ein kleines Bier und eine Pizza Margherita. Davon kann ich eure Gehälter nicht mehr zahlen. Das war ein Schock für mich. Danach habe ich mich bei zig anderen Italienern beworben, aber keiner hatte eine Stelle. Das hat irgendwann an meinem Selbstbewusstsein gekratzt. Kann ich nicht so gut kochen, wie ich es mir immer eingebildet habe? Ich bin auf Saltimbocca, Fegato und Fisch spezialisiert. Und mit Kräutern kann ich köstliche Geschmackserlebnisse zaubern. Bei den Vorstellungsgesprächen habe ich immer gesagt: »Lassen Sie mich zeigen, was ich kann!« Das hat aber leider keinen interessiert.

Irgendwann habe ich dann mein Leben in die eigene Hand genommen und selber ein Restaurant aufgemacht. Es trägt »La Rosa« im Namen und ist klein, wir haben nur sechs Tische, aber es ist sehr gemütlich und köstlich. Nur Pizza bieten wir nicht an. Es ist auch immer voll. Reich geworden bin ich zwar trotzdem nicht, aber ich habe mein Selbstwertgefühl wiederbekommen. Und das ist für mich viel wichtiger als Geld auf dem Konto. Der Wechsel vom angestellten Koch zum selbstständigen Restaurantbesitzer war die aufregendste Achterbahnfahrt in meinem Leben. Ich liebe meinen Beruf. Ich bin ein Macher, keiner, der groß nachdenkt. Deswegen ist es für mich jetzt schwierig, nicht auf die Dornen zu schauen, sondern auf die Blüte, die mal war. Mit einem viel zu hohen Blutdruck hat alles angefangen, dann kam der Schock der Diagnose »unheilbar krank«, und jetzt muss ich hier liegen und auf das Ende warten. Für meinen Geschmack habe ich viel zu viel Zeit zum Nachdenken. Das ist schrecklich und entspricht so gar nicht meinem positiven Gemüt. Dann wird einem nämlich bewusst, dass das Ende ein trostloses, hoffnungsloses Dahinfristen ist. Und das macht mir Angst. Viel lieber denke ich über das Leben nach, das man noch nach vorne leben kann, für das man noch Pläne machen kann.

Meine Frau Eleonora, auch eine Italienerin, hatte die rettende Idee: Du ziehst um ins Restaurant! Denn ich möchte nicht zu Hause sterben, da ist es viel zu ruhig. Im Pflegeheim schon gar nicht. Ich brauche den Wirbel des Restaurants um mich herum, die Geräusche, die Düfte, die Betriebsamkeit. Eleonora hat zusammen mit Antonio, unserem Ober, eine kleine Wand zwischen die Garderobe und den Gästeraum eingezogen, und dort liege ich jetzt. Seither müssen die Gäste halt ihren Mantel über ihren Stuhl hängen. Dafür kann ich alles hören und riechen. Hier fühle ich mich wohl. Und ich bin abgelenkt. Dem Juniorkoch, den wir über eine Kleinanzeige gefunden haben und dem in einem anderen Restaurant gerade gekündigt wurde (so wie mir damals), sage ich täglich, mit welchen Kräutern er das Fleisch und den Fisch zubereiten soll. Und wo er sie bekommt. Das mache ich bis zu meinem letzten Atemzug. Solange ich das machen kann, gibt es Hoffnung. Antonio bringt mir übrigens jeden Abend ein Glas guten Wein in die einstige Garderobe. Dann stoßen wir auf das Leben an.

Ich wünsche allen Menschen, dass sie bis zu ihrem letzten Atemzug das machen können, was sie im Leben am glücklichsten gemacht hat. Vor allem Eleonora möchte ich danken für alles, was sie für mich getan hat. Am meisten für ihre Idee, dass ich an dem Ort sein und irgendwann auch vergehen kann, den ich am meisten liebe. Eleonora soll ihn weiterführen. Tut bitte Rosen auf meinen Sarg. Allerdings bloß keine rosafarbenen.

Giacomo Luigi, 67 Jahre
verstorben im Mai 201*

Ich dachte immer, ich hätte das große Los gezogen

Ich habe Angst vor dem Tod. Ich möchte immer noch nicht glauben, dass ich jetzt tatsächlich sterben muss. Ich bin weit entfernt davon, das zu akzeptieren. Trotzdem möchte ich euch hiermit ein paar Erkenntnisse aus meinem Leben hinterlassen – sicherheitshalber sozusagen. Es ist ganz gut, dass ich das schriftlich mache, damit ihr es nach meinem Tod lesen könnt, meinetwegen auch an der Trauerfeier vorlesen. Denn mit dem Ins-Gesicht-Sagen ist das ja so eine Sache.

Ich dachte immer, ich hätte das große Los im Leben gezogen, weil ich einen richtig guten Freund hatte. Einen Freund, mit dem man durch dick und dünn geht, vor dem man laut denken und fühlen kann, einen Freund, der da ist, wenn's drauf ankommt und der auch Opfer bringt, wenn's sein muss. So war das jedenfalls von Anfang an mit Klaus, mit dem ich gemeinsam die Hauptschule besucht habe. Er hat dann eine Ausbildung zum Schreiner gemacht, ich wurde Schlosser. Zum Meister hat es bei uns beiden nicht gereicht – dafür wurden wir zu Lebensmeistern, wie wir uns immer gesagt haben. Wir haben unendlich viel gemeistert – unsere Frauenbeziehungen, unsere Ehen, Kinder, die vielen unbezahlten Rechnungen, Probleme im Betrieb, alles, was halt so kommt in so ziemlich jedem Leben. Alles gemeinsam. Wir hatten einen Schrebergarten auf dem Land nebeneinander, wo wir jedes Wochenende waren, haben immer füreinander eingekauft und nie Ferien ohne einander gemacht. Auch nachdem wir beide geheiratet haben. Die Frauen verstanden sich ebenfalls.

Bis ich eines Tages eine unerwartete Erbschaft machte. Ein Onkel, der nach dem Zweiten Weltkrieg nach Argentinien ausgewandert war, vererbte mir und noch ein paar anderen entfernten Angehörigen sein Geld. Ich wusste gar nichts von ihm, bis dieser Brief ins Haus kam. Hätte ich nur gewusst, wie sehr diese Erbschaft mein ganzes glückliches kleines Leben erschüttern würde. Erst einmal haben Charlotte und ich uns natürlich riesig gefreut. Wir haben nach sechzehnjähriger Ehe unsere Hochzeitsreise nachgeholt, die wir uns nie hatten leisten können. Sind nach Sri Lanka geflogen, haben die Kinder mitgenommen und die ganze Welt gesehen. Haben in teuren Hotels gewohnt, sind Businessklasse geflogen. Dann haben wir ein Haus mit großem Garten gekauft und unseren Schrebergarten aufgegeben. Ich höre mich noch voller Stolz sagen: Klaus, dann müssen wir nicht mehr jedes Wochenende rausfahren, sondern ihr könnt jeden Tag kommen auf ein Bierchen.

Unsere Freude über unser neues Leben war so groß, dass ich lange nicht bemerkt habe, wie er und seine Frau sich innerlich von uns entfernt hatten. Sie wurden wohl neidisch. Sie konnten nicht mithalten, dachten sie vermutlich. Sich nicht mitfreuen, denn trotz aller Gönnerhaftigkeit meinerseits war es eben nicht ihrs. Ich habe dann immer gesagt: Mensch, Kollege, ich würde deine Zurückhaltung ja verstehen, wenn ich die Kohle selber verdient hätte und du nicht. Aber diese Erbschaft – die hat nichts mit mir zu tun. Die hättest du doch genauso bekommen können.

Auch dass ich Klaus dann den Schlüssel zum Haus gab, half nichts. Ich wollte ihn wirklich aus tiefem Herzen teilhaben lassen an unserem neuen Leben und ihm das dadurch beweisen. Was meins ist, ist auch deins, wie man so schön sagt.

Tja, und mit Bitterkeit mussten Charlotte und ich dann feststellen, wie viel Wahrheit in diesem Sprichwort liegen kann. Denn als wir nach einem Urlaub nach Hause kamen, war das ganze Haus leer geräumt. Keine Spuren von Einbruch. Die Versicherung hat natürlich nicht gezahlt. Es muss jemand ganz normalen Zugang zum Haus gehabt haben, zum Beispiel einen Schlüssel, hieß es.

Wo unsere Sachen hingekommen sind, weiß ich bis heute nicht. Die Sache ist jetzt fünfeinhalb Jahre her. Klaus und seine Ursula leugnen bis heute, dass sie es gewesen sein sollen. Auch sonst gibt es keine Beweise. Allein schon unsere Frage, ob sie etwas damit zu tun haben, hat die Freundschaft dann durch Misstrauen ersetzt.

Meine Erkenntnis ist also: Geld kann alles kaputt machen. Nach dieser Geschichte hatten wir keinen Spaß mehr an unserem großen Haus mit Garten. Oft habe ich mich gefragt, ob ich die Erbschaft hätte ausschlagen sollen. Aber wer macht das schon? Nie hätte ich gedacht, dass ich so einen hohen Preis dafür zahlen muss. Für das, was Charlotte und ich, auch die Kinder als so was wie einen Sechser im Lotto eingeschätzt hatten. Ich bin darüber bitter geworden und sehr traurig, zutiefst verletzt. Ohne meine Familie wär ich's noch viel mehr. Da hilft es auch nicht, wenn die Psychotherapeuten sagen, dass das nichts mit mir zu tun hätte, nur mit Klaus selber.

Vielleicht liest du, Klaus, das ja irgendwann. Warum haben wir uns das angetan? Es waren doch so verdammt gute Zeiten, im Schrebergarten, mit Bierchen. Oder stellst du mir dieselbe Frage umgekehrt? Wie gerne würde ich die Zeit dahin zurückdrehen und dir wieder deinen Gartenzaun reparieren. Dass ich dann jetzt bald tatsächlich tot bin, wie die Ärzte sagen – gibt dir das dann Frieden? So nach dem Motto: Er hatte Geld, aber kein langes Leben?

Rüdiger Feldens, 57 Jahre, Gehirntumor
verstorben im Februar 201*

Wie dann von einem auf den nächsten Tag alles vorbei sein kann

Ich empfinde große Bitterkeit, aber nicht über mein Leben, sondern über mein frühes Ende. Noch letzten Sommer machten wir mit der Familie unsere traditionelle Segeltour in Griechenland, und es war alles wie immer. Es war alles in Ordnung, soweit ein Leben eben in Ordnung sein kann. Ich litt wie immer unter dem Ego meines Chefs und war wie immer froh, in den Urlaub zu fahren. Amanda, meine Frau, hatte wie immer ihre gelegentlichen Wutausbrüche wegen mehr oder weniger nichts, Logan und Jason, unsere pubertierenden Söhne, stritten sich wie immer um Dinge, über die man als Erwachsener später nur noch lacht. Letzten Sommer ging es ihnen darum, wer auf dem Boot Vorschoter sein darf, also wer der Vordermann an Bord ist. Zu Weihnachten haben wir uns dann die Fotoalben angesehen, prosteten uns zu und sagten wie immer: Was für ein schönes Leben wir doch alles in allem haben. Dass wir es uns leisten können, einmal im Jahr eine Segeltour in Europa zu machen. Dass wir alle gesund sind. *Merry Christmas and a Happy New Year to all of us.* Was man sich eben immer wünscht.

Wie dann von einem auf den nächsten Tag alles vorbei sein kann: Das begreift man nur, wenn es für einen selber so kommt. Obwohl – begriffen habe ich das noch nicht wirklich. Ich grübele nur unendlich viel darüber nach. Plötzlich bekam ich starke Kopfschmerzen, so stark wie noch nie, ging zum Arzt, und der diagnostizierte mir einen aggressiven Hirntumor. Und das mit neunundvierzig Jahren. Man hört so etwas ja immer von anderen, die dann schlimme Geschichten erzählen, aber dass es mich treffen könnte, das hätte ich mir nie vorstellen können.

Und jetzt soll ich also erzählen, wie ich mein Leben im Rückblick sehe. Etwas hinterlassen für meine Familie und für meine Freunde. Zurückzublicken fällt mir schwer, weil es mir vor Augen führt, dass ich loslassen muss, worauf ich zurückblicke. Ich bin mir auch nicht sicher, ob ich das noch vor meinem Tod schaffe. Aber ich will es versuchen. Meiner Frau und meinen Kindern zuliebe.

Ihr wisst ja, ich bin Gerechtigkeitsfanatiker. Das war ich schon als Schuljunge. Wenn ich irgendwo mitbekam, dass jemand nicht gerecht behandelt wurde, habe ich mich eingemischt. Das gab nicht selten Ärger. Ich glaube auch, dass ich deswegen so unter meinem Chef leide. Er hat einen unerträglichen Geltungsdrang und verkauft die Leistungen und Ideen seiner Untergebenen, zu denen auch ich gehöre, als seine. Und zwar nach oben, also seinem Chef, und nach außen. Das ist nicht gerecht. Ich bin Informatiker und arbeite seit zwölf Jahren in einer Software-Firma im Silicon Valley. Vorletztes Jahr habe ich ein neues Marketing-Instrument für eine Software aus unserer Firma entwickelt, es vor versammelter Runde vorgestellt, und wer wurde genau deswegen Mitarbeiter des Monats? Mein Chef. Ich las es im Fahrstuhl, da ist immer so ein Aushang, wer warum Mitarbeiter des Monats geworden ist. Ich bin vor Wut geplatzt.

Leider habe ich mich nie getraut, ihm ins Gesicht zu sagen, wie unmöglich ich das finde. Aus Angst, meinen Job zu verlieren. Eigentlich ist das feige, ich weiß. Aber wer sagt mir, wie schnell ich einen neuen Job finden würde? Und ob ich dann noch den Sommerurlaub in Europa bezahlen kann? Meine Kollegen und ich bekommen dort nämlich stattliche Provisionen. Natürlich habe ich seither schon öfter darüber nachgedacht, die Firma zu wechseln, es ist immer so ein innerer Konflikt zwischen Ungerechtigkeiten ertragen, dafür aber meiner Familie ein angenehmes Leben bieten zu können, oder aber meinem Gerechtigkeitsstreben folgen und das Risiko einzugehen, dann schlechter gestellt zu sein. Meine Arbeit jedenfalls ist mir sehr wichtig.

Übrigens glaube ich an ein Leben nach dem Tod. Ich bin treuer Katholik, das hat bei uns Familientradition. Schon meine Großeltern gingen jeden Sonntag in die Kirche. Ich liebe die Zeremonie, das Pompöse. Einmal waren Amanda und ich auch in Rom, bei einer Papstaudienz. Nach meiner Hochzeit war das der schönste Augenblick in meinem Leben. Ich fühlte mich wie vom Himmel geschützt. Geschützt vor allen bösen Dingen und Widrigkeiten, die einem so widerfahren können.

Hoffentlich gelingt es mir noch rechtzeitig, dieses Gefühl wieder in mir zu aktivieren. Denn ich könnte es jetzt ja gut gebrauchen. Einfach die Augen schließen und mich dem Himmel anvertrauen. Dort werden wir uns ohnehin alle wiedersehen, da bin ich sicher.

Trevor M. Smith, 49 Jahre, Gehirntumor
verstorben im September 201*

Ich hätte früher mein Leben leben sollen

Ich hätte früher zugeben sollen, dass ich Männer liebe. Was hätte ich mir nicht alles an Seelenqualen gespart. Aber es war einfach unmöglich, wegen meiner Herkunft. Ich komme aus einer stockkonservativen Familie, mein Vater hat im Zweiten Weltkrieg gedient, meine Mutter hat uns irgendwie durchgebracht. Als mein Vater aus dem Krieg nach Hause kam, kauften wir einen Hof in einem kleinen Dorf in der Schwäbischen Alb. Meine Eltern haben hohe moralische Ansprüche an mich und meinen Bruder gestellt. Dorfschule, in der es noch Schläge gab, wenn man die Hausaufgaben nicht gemacht hatte, Dorfkirche mit dem dazugehörigen Pflichtprogramm, der Dorfpfarrer kam nach Hause, um meinem Vater bei dessen Tadelungen zur Seite zu stehen, wenn irgendetwas war. Wenn mein Bruder Matthias und ich uns wieder nicht wohl verhalten hatten. Das Urteil der Nachbarn war meinen Eltern enorm wichtig. Was sollen die Nachbarn sagen, wenn sie hören, dass wir so problematische Kinder sind? Kinder, die nicht regelmäßig ihre Pflichten zu Hause erfüllen, Kinder, die Kirschen klauen, die nicht wissen, was es heißt, im Krieg gewesen zu sein. Und so weiter.

Wie hätte ich da je zu meinen Gefühlen stehen können, wenn schon Gefühle an sich verboten waren. Obwohl ich schon damals merkte, dass ich nicht wirklich auf Frauen stehe und mich eher von meinen Kollegen an der Fachhochschule angezogen fühlte, habe ich mit Mitte zwanzig geheiratet. Eine Frau natürlich. In unserer Dorfkirche, weil sie nicht in ihrer Heimat die Ehe schließen wollte. Auf keinem einzigen Foto sehe ich glücklich aus – aber es hat sich eh nie jemand gefragt, warum. Noch nicht einmal meine Frau Heike. Erstaunlich, wie viel Platz es für meine seelische Zwangsjacke in all den Jahren in dieser Ehe gab. Nach der Heirat zogen wir nach Kassel, ich arbeitete als Sachverständiger in einer Versicherung.

Erst habe ich abgewartet, bis meine Eltern starben, dann habe ich abgewartet, bis Heike starb. Über dreißig Jahre. Jetzt lebe ich mit Martin, den ich beruflich kennengelernt habe. Ein Unfall hat uns zusammengebracht. Er war mit seinem kleinen Boot »Herkules« auf der Fulda auf eine Sandbank aufgelaufen, der Rumpf hatte Leck geschlagen. Ich sollte prüfen, ob es Versicherungsbetrug war.

Ich hätte früher mein Leben leben sollen. Aber so einfach, wie man das dahersagt, so einfach ist es nicht. Ich konnte es nicht.

Peter Liebmann, 73 Jahre, Knochenkrebs
verstorben im Juni 201*

Eigentlich habe ich ein Gelegenheitsleben geführt, während ich auf das richtige Leben gewartet habe

Mein Leben lang habe ich immer gewartet. Gewartet auf den richtigen Mann, auf die richtigen Freunde, auf den richtigen Job. Also im übertragenen Sinne könnte man sagen, dass ich darauf gewartet habe, dass die Sonne rauskommt. Denn es heißt doch immer, dass man nur warten müsse, dann käme alles von selber. Das haben meine Eltern zu mir gesagt, schon als ich ein Kind war.

Bei mir kam aber nichts von selber. Alles, was dann stattfand in meinem Leben – und das war nicht viel –, ging auf meine Initiative zurück. Es war aber nie der Plan. Ich habe immer alles laufen lassen, weil ich ja gewartet habe, dass das Richtige von alleine zu mir kommt. Nach meiner Ausbildung zur Friseurin hatte ich mir keine Mühe gegeben, von dem dortigen Betrieb übernommen zu werden. Dazu waren mir die Kolleginnen auch viel zu zickig, als dass ich da gerne geblieben wäre. Also wurde ich auch nicht übernommen. Auf Stellenanzeigen in der Zeitung habe ich mich auch nicht beworben, also bekam ich auch keine Anstellung. Du musst aber doch irgendetwas machen, sagten meine Bekannten immer. Nein, muss ich nicht. Ich warte, bis etwas auf mich zukommt, habe ich dann zurückgegeben.

Während dieser Warteschleifenjahre habe ich unzählige Zusatzausbildungen und Jobs gemacht. Im Auftrag der Stadt habe ich Parkuhren ausgeleert, Waffeln im Stadtpark verkauft, auf Messen die Standreinigung erledigt, im Callcenter Beschwerdeanrufe entgegengenommen, in einem Immobilienbüro die

Kaffeeküche sauber gehalten und in Hotels frische Blumen aufgestellt. So Gelegenheitsjobs halt. Eigentlich habe ich ein Gelegenheitsleben geführt, während ich auf das richtige Leben gewartet habe. Gelegenheiten, einen Liebespartner zu finden, habe ich ungenutzt gelassen. Blicke nicht erwidert, Anrufe nicht beantwortet. Weil mir mein Gefühl gesagt hat, dass ich noch warten sollte.

Im Rückblick betrachtet war es natürlich nicht richtig, ständig zu warten. Man muss schon seinen Hintern hochkriegen, wenn man das Leben halbwegs bewältigen will. Sonst geht man ein wie eine Primel. Das ist mit mir passiert. Ich hätte mehr aus meinem Leben machen sollen. Hätte an irgendetwas mal festhalten, einfach weitermachen sollen. Dabei habe ich aber immer die Arbeit und den Aufwand gescheut. Und das ist auch jetzt noch so, nachdem ich die Diagnose Bronchialkarzinom bekommen habe. Ich habe keine Lust, von Arzt zu Arzt, von Behandlung zu Behandlung zu rennen. Ich lasse die Krankheit einfach verlaufen. Obwohl ich Angst habe, das muss ich zugeben. Angst vor dem Sterben. Angst vor dem Gefühl, dass jetzt alles vorbei ist. Das hat so etwas von »alles zu spät«. Ich kann es mir ehrlich gesagt auch noch nicht so richtig vorstellen.

Wenigstens habe ich es geschafft, mir einen Hund zuzulegen, eine Freundschaft zu pflegen (damit meine ich Miriam, die übernimmt dann auch meinen Hund), auf ein Auto gespart zu haben (einen Fiat Panda, den habe ich »Pandabär« getauft) und einmal täglich an die frische Luft zu gehen. Das ist alles, was auf mich zugekommen ist, als ich auf das richtige Leben gewartet habe. Oder, warten Sie, das sind eigentlich die Dinge, für die ich selber die Initiative ergriffen habe. Ja, das fällt mir jetzt auf, wo ich Ihnen das erzähle. Ach, ist doch gar nicht so schlecht.

Tanja Eschbach, 63 Jahre, Bronchialkarzinom
verstorben im März 201*

Oft war ich einsam, weil ich mich mit meinem Mann nicht austauschen konnte

Wenn andere im Heim ihr Leben erzählen, habe ich den Eindruck, ich habe gar nichts erlebt. Wir haben zwar die Flucht aus Schlesien mitgemacht und die Kristallnacht über Dresden, aber da spreche ich nicht drüber, das ist schon so lange her. Ansonsten habe ich nicht groß was erlebt.

Wichtig war mir nur meine Familie. Meine Schwiegereltern haben zweihundert Meter neben uns gewohnt, und ich habe mich um die gekümmert, na ja, wie es so ist im Leben. Ich war ein Mensch, der gesagt hat, ich muss alles machen, deswegen wollte ich meinem Mann auch nichts abgeben. Ich habe den ganzen Tag im Büro gesessen und habe alles, was mit schriftlicher Arbeit und mit Geld zu tun hatte, in der Hand gehabt. Und vor allem unsere Tochter. Das war mein Kind, dafür habe ich gesorgt, das habe ich alles gemacht. Mein Mann durfte sie mal so nebenbei in den Arm nehmen, aber sich nicht so um sie kümmern wie die Männer das heute tun. Das war meins. In der Beziehung war ich vielleicht ein bisschen komisch, meinem Mann war das aber recht.

Du und deine Tochter, das habe ich sehr oft von ihm gehört. Ihr macht alles besser, ihr könnt das ja auch. Mein Mann hatte eben nur einen Abschluss als Schlosser, ich hatte zwei als Sekretärin, und meine Tochter hat Betriebswirtschaft studiert. Das hat ihn wahrscheinlich immer bedrückt. Dabei ist er nicht dumm, er ist belesen, alles, was an Olympiabüchern erschienen ist, hat er gekauft. Allerdings ist er nie aus sich herausgekommen. Wenn ich abends von der Arbeit nach Hause kam, saß mein Mann im Sessel und hat Sport geguckt, und meine Tochter und ich haben in der Küche gelabert. Wenn er dann sagte, wir seien ein Pack, meinte ich, ja, dann musst du eben auch dabei sein und zuhören, wenn wir reden. Das interessiert mich gar nicht, sagte er dann. Mich hat es aber interessiert, was meine Tochter erzählte.

Dass mein Mann eher ein in sich gekehrter Eigenbrötler war, habe ich bei der Arbeit mit den Kollegen ausgeglichen. Mit denen konnte ich alles besprechen, was ich zu Hause nicht loswurde. Wir haben uns alle prima verstanden, sogar mit dem Chef haben wir uns geduzt. Als er zum Schluss gestorben ist, war es fast schlimmer, als wenn der eigene Mann stirbt. Nach meiner Pensionierung fing das neue Leben mit meinem Mann an. Wir mussten uns erst richtig zusammenfinden, denn wir kannten uns ja nur vom Urlaub her und von den Abenden. Wo mein Mann früher nichts zu machen brauchte, musste er dann alles machen. Zur Sparkasse gehen, einkaufen, die Wäsche. Denn seitdem ich nicht mehr arbeite, sitze ich wegen einer Fußerkrankung im Rollstuhl. Oft war ich einsam, weil ich mich mit meinem Mann nicht austauschen konnte. Aber damit habe ich mich jetzt auch abgefunden.

Als wir ins Heim gezogen sind, haben wir noch mal alles verloren. Was die hier alles erzählen von zu Hause, das ist für mich vorbei. Es ist klar, dass es hier nicht so schmeckt wie zu Hause oder wie es die Mutter gemacht hat. Aber das interessiert mich auch gar nicht mehr, was meine Mutter gemacht hat. Ich habe viel von ihr übernommen, und meine Tochter hat auch viel von mir übernommen. Ich hatte ein normales Leben, finde aber, dass ich es zu etwas gebracht habe. Ich habe immer mein Geld verdient, wir sind sauber, ordentlich, pünktlich, unsere Tochter auch, sie hat zwei Söhne, die haben wieder Kinder, die es geschafft haben, sie verdienen gutes Geld und haben alles. Sogar zwei Autos, etwas, das wir nicht hatten.

Ich hoffe nicht, dass nach dem Tod noch was kommt. Für mich soll alles vorbei sein. Ich will weg, rin in die Grube und vorbei.

Irmgard Kosinski, 78 Jahre

Finger weg von zu vielen Frauen!

Eigentlich bin ich mit geschlossenen Augen durchs Leben gegangen. Ich habe alles so genommen, wie es gekommen ist. Ich habe mir auch nie Gedanken gemacht, was hätte passieren können, wenn oder wenn nicht. Und ich finde, ich habe Glück gehabt mit meinem Leben.

Wichtig war mir, ein geordnetes Familienleben zu haben. Deshalb war meine Scheidung auch einer der unglücklichsten Momente in meinem Leben. Wir hatten gerade einen schönen zweiwöchigen Urlaub verbracht, als mir meine Frau eröffnete, dass sie sich von mir scheiden lassen wolle, um meinen besten Freund Fred zu heiraten. Trotzdem sind wir, wie man so schön sagt, im Guten auseinandergegangen. Nachdem das Urteil rechtskräftig war, lud ich sie zum Essen ein. Beim Abschied sagte ich, Gabriele, ich gebe eurer Ehe höchstens drei Jahre. Wie man sieht, habe ich Recht behalten. Die Ehe hat zweieinhalb Jahre gedauert. Und das Angenehme war, dass Fred meiner damaligen Exfrau zweiundvierzigtausend DM zahlen musste, mit denen sie dann wieder zu mir zurückkam. Auch nicht zu verachten! Seitdem sind wir neunundzwanzig Jahre verheiratet, im Ganzen fünfzig Jahre.

Unsere zweite Ehe war besser als die erste. Ich weiß nicht, was meine Frau dazu bewogen hatte, sich von mir zu trennen, ich habe sie nie danach gefragt. Vielleicht hatte sie sich von mir vernachlässigt gefühlt. Mein Hobby ist Bergwandern gewesen, und ich war praktisch jedes Wochenende unterwegs. Zu sagen, komm, jetzt gehen wir mal tanzen oder ins Kino, auf die Idee war ich nie gekommen. Nach unserer zweiten Heirat habe ich mein Hobby aufgegeben. Fred habe ich seit seiner Heirat mit meiner Frau nie mehr wiedergesehen.

Im Nachhinein denke ich, wenn ich alleine geblieben wäre, wäre ich vor die Hunde gegangen. Zweimal während der Trennungszeit bin ich zum Chef gerufen worden. Aber nicht weil ich als Verwaltungsangestellter im öffentlichen Dienst irgendetwas falsch gemacht hätte. Sondern weil ich mich zwei Tage nicht gemeldet hatte, da ich meinen Rausch ausschlafen musste. Ich hatte mich abends immer mit einer Whiskyflasche vor den Fernseher geknallt. Mehrmals war die gesamte Holstein-Damenhandballmannschaft über Nacht zu Gast bei mir gewesen. Das ist natürlich auf die Dauer auch kein Leben. Ich hätte ja beim zweiten Mal auch eine andere Frau als meine ehemalige heiraten können. Aber da es auch nur mit einer Frau gut gegangen ist, würde ich empfehlen: Finger weg von zu vielen Frauen! Mein Sohn ist auch noch mit seiner ersten Frau zusammen und hat drei Kinder, die alle gut geraten sind.

Anders als bei meinen Ehen gehöre ich beruflich zu den wenigen Leuten, die vom vierzehnten bis zum dreiundsechzigsten Lebensjahr durchgehend gearbeitet haben. Ich habe gerne gearbeitet. Als ich im öffentlichen Dienst ausschied, gehörte ich zu den drei höchstbezahlten Verwaltungsangestellten in Kiel. Deswegen habe ich heute auch eine hohe Rente.

Angst zu sterben habe ich nicht. Das wäre ja auch Quatsch. Ein Philosoph hat mal gesagt, dass jeder Mensch vom Augenblick seiner Geburt an jeden Tag, den er älter wird, einen Schritt näher zum Tode ist. Ich finde, man sollte diesen Gedanken den Leuten beibringen, um ihnen die Angst vor dem Tod zu nehmen. Schon Kindern sollte man sagen: Ihr lebt nicht ewig. Der eine stirbt mit fünf, und der andere wird wie Johannes Heesters hundertacht Jahre alt. So wie wohl jeder möchte ich schmerzfrei sterben. Solch ein Tod wäre hier im Hospiz gesichert, denn es wird alles dafür getan, dass man sich wohlfühlt. Als mich der Heimleiter beim Einstellungsgespräch fragte, ob ich auch ein Bier zu meiner Zigarette haben wolle, dachte ich, der würde mich auf den Arm nehmen. Dann werde ich wohl auch mit geschlossenen Augen in den Tod gehen.

Frank Martens, 83 Jahre

Wo ich nun schon so alt bin, würde ich die hundert auch noch gerne erreichen

Als Kraftfahrer bei der russischen Botschaft bin ich früher oft in den Westen gefahren. Anfangs hätte ich dort vielleicht lieber leben wollen, aber nachher nicht mehr. Die ganze Arbeit war dort strenger und straffer organisiert, man musste so viele Steuern zahlen, und dann ging das ja auch schon mit der Arbeitslosigkeit los. Da war ich froh, dass ich die Arbeit in der DDR sicher hatte. Auch wenn es nicht meine Wunscharbeit war, denn ich hätte lieber Schmied gelernt. In dem Bereich konnte man nämlich noch weiterkommen, und die Möglichkeiten dazu waren ja auch gegeben bei uns. Aber damals musste ich meine Familie ernähren und hätte dann erst mal längere Zeit weniger Geld gehabt.

Heutzutage ist es enorm wichtig, dass man einen anständigen Beruf hat. Denn man sieht ja, wie es denjenigen geht, die keinen Beruf haben, wie wenig die verdienen. Ich habe eigentlich ganz gut verdient, ich bekomme jetzt fast tausendfünfhundert Euro Rente. Ich war auch nie arbeitslos, aber so was gab's ja bei uns in der DDR auch nicht.

Eigentlich hätte ich sogar noch dreißig Euro Rente von den Russen dazubekommen sollen (die wurden dann aber gestrichen), weil ich so lange in der russischen Botschaft gearbeitet hatte, bis zu meinem siebenundsechzigsten Lebensjahr. Wenn ich nicht den Hexenschuss gekriegt hätte, wäre ich sogar noch länger da geblieben. Denn ich brauchte dort keine Krankenkasse zu zahlen und konnte den Lohn abzüglich der Lohnsteuer direkt für mich behalten. Aber das ist heute natürlich alles anders.

Die Arbeit in der Botschaft hatte mir mein Schwager vermittelt. Er war dort Dolmetscher gewesen und eines Tages sagte er: Mensch, du kannst doch bei uns hier anfangen, die suchen einen Kraftfahrer. Das habe ich dann auch gemacht, im Ganzen dreißig Jahre lang. Der Lohn war anständig und die Arbeit ganz schön. Die russische Botschaft war Unter den Linden, und ich musste die Angestellten sowie deren Angehörige fahren. Zur Arbeit hin und zurück, zur Leipziger Messe oder auch am Wochenende in die Schorfheide. Später bin ich auch Omnibus gefahren, eine Zeit lang nur Schulkinder. Und dann habe ich auch noch eingekauft für die russische Küche.

Mein Sohn hat sich beruflich nicht so entwickelt, wie ich das wollte. Deshalb haben wir heute auch nicht so einen guten Kontakt, nicht so, wie es sein sollte. Ich wollte, dass er einen anständigen Beruf erlernt, einen, den er später auch ausführen kann. Der Junge hat zwar studiert, aber, wie soll ich das sagen, sein Beruf als Lehrer hat ihm nicht gefallen und in der Politik, wo er hinwollte, hat es dann auch nicht gepasst. Und nachher hat er gar nichts Handfestes gemacht, darüber war ich traurig. Das bisschen, das er jetzt an Rente kriegt. Früher habe ich ihm regelmäßig etwas dazugegeben. Auch für seine Kinder, die jetzt studieren; hoffentlich in dem Fach, das sie später auch ausüben werden, jedenfalls habe ich ihnen das empfohlen.

In der DDR konnte man schon zufrieden sein. Natürlich blieben viele Wünsche unerfüllt, ich hätte lieber einen VW oder Opel gehabt statt einen Wartburg. Aber Reisen zum Beispiel, die waren nach der Wende auch nicht drin, da hätte mir das viele Geld leidgetan, das ich dafür hätte hinblättern müssen. Aber auch ohne Reisen war ich zufrieden, als Fahrer für die russische Botschaft bin ich ja viel rumgekommen.

Ich bin stolz darauf, dass ich jetzt schon sechsundneunzig Jahre bin. Und wo ich nun schon so alt bin, würde ich die hundert auch noch gerne erreichen. Denn nach dem Tod kommt sowieso nichts mehr.

Werner Dörschel, 96 Jahre

Wie soll das alles werden ohne mich

Wie soll das alles werden ohne mich – ich habe noch so viel zu tun, zu vollenden. Ich mache mir große Sorgen. Um meinen Sohn Heiko, der doch, wie er selber sagt, nie etwas aus eigenem Antrieb hinkriegt. Sondern der immer den Druck des Vaters braucht. Und um meinen jüngeren Sohn Jan, der kurz vor dem Realschulabschluss steht. Wer wird ihm beim Bewerbungsschreiben helfen für eine Ausbildungsstelle? Wer wird ihm gut zureden, dass er es schafft? Wer wird ihm sagen, dass er sich nicht entmutigen lassen soll, selbst wenn es nur Absagen hageln sollte? Wer wird ihm sagen, dass es das Wichtigste im Leben ist, an sich zu glauben? Ja, es ist das Wichtigste. Wer an sich glaubt, gibt nicht auf. Und deswegen setzt er sich auch irgendwann durch. Deswegen übersteht auch schwierige Zeiten, wer an sich glaubt. Das schreibe ich euch hiermit hinter die Ohren, Jungs.

Denn das habe ich auch immer getan. Daher verdränge ich auch meine furchtbare Angst davor, dass ich sterben werde. Vielmehr glaube ich an mich, an meinen Körper, und daran, dass ich den Krebs besiegen werde. Mental bin ich stark. Und ich war schon immer eine Kämpfernatur. Beruflich habe ich entsprechend viel geschafft – ich sollte eher sagen: geschaffen. Als Bauingenieur habe ich mich mit zwei Studienkollegen relativ früh selbstständig gemacht, und wir haben zehn Jahre lang viele große Aufträge rund um Dortmund an Land gezogen. Nur einmal bin ich über den Tisch gezogen worden, aber daraus habe ich gelernt.

Danach kamen dann nicht so erfolgreiche Jahre, der Markt lief nicht mehr so gut, und ich muss im Rückblick eingestehen, dass wir zu erfolgsverwöhnt waren. Wenn man erfolgreich ist, macht man es sich schnell gemütlich und ruht sich drauf aus. Plötzlich klingelte das Telefon nicht mehr, es kamen so gut wie keine Aufträge mehr rein. Es hat dann auch ein paar Wochen gedauert, bis ich gemerkt habe, dass sich in unmittelbarer Nachbarschaft eine Konkurrenzfirma angesiedelt hat, die uns preislich stark unterboten hat – bei denselben Leistungen. Ich finde es erschreckend, wie schnell eine Firma den Bach runtergehen kann, wenn man nicht ständig auf der Hut ist. So ist es ja eigentlich auch mit dem Krebs. Von heute auf morgen geht es bergab – und du merkst nichts. Ich will nicht akzeptieren, dass diese Krankheit meinen Tod bedeuten soll, so wie ich auch nicht akzeptiert habe, dass diese Konkurrenzfirma meine Erfolge zunichtemachte. Ich habe mit meinen Partnern gekämpft, und wir haben das Ruder dann auch wieder herumgerissen. Mit Gottes Hilfe.

Ich bin ein zutiefst gläubiger Mensch. Vielleicht weil ich in einem religiösen Haushalt aufgewachsen bin. Meine Eltern waren beide sehr gläubig. Heute traut man sich das ja kaum noch zu sagen: Ich glaube an Gott, und ich gehe regelmäßig in die Kirche. Sogar meine Söhne schämen sich manchmal für mich, wenn ihre Freunde aus der Schule oder aus dem Handballverein zu uns nach Hause kommen und das Kruzifix über der Küchenbank hängen sehen. Weißt du noch, Heiko, wie sauer ich wurde, als du es einmal sogar abgehängt und in der Garage versteckt hast? Es bedeutet mir unendlich viel, gerade jetzt. Nicht nur, weil es ein Erbstück aus der Familie deines Großvaters ist, sondern, weil es mich jeden Morgen demütig und dankbar aus dem Haus schickt. Auch jetzt noch, wo mir die Ärzte noch zwei Monate geben. Ich möchte das nicht glauben. Ich glaube an Gott und daran, dass er mich rettet.

Das hat er bisher immer getan.

Klar, irgendwann muss ich gehen. Aber doch nicht schon jetzt. Es gibt noch so viel zu erleben und so viel zu tun. Zum Beispiel ein Baumhaus auf die große Eiche in unserem Garten bauen. Und nach China reisen. An meinem Grab sollt ihr über mich sagen, dass ich ein Kämpfer war, der mit Gottes Hilfe viel geschaffen hat.

Und dass ich meinen Söhnen darin ein Vorbild gewesen sein möchte. Wenn das gelingt, dann ist mein Leben erfüllt. Aber bitte noch nicht zu Ende. Nicht schon jetzt.

Uwe Behring, 59 Jahre, Darmkrebs
verstorben im April 201*

Ich bin rund mit mir, das ist doch die Hauptsache

Über zwanzig Jahre lang kam ich von meinem Ehemann einfach nicht los. Mein Therapeut sagte, ich fühlte mich nicht genug geliebt von ihm. Und ich sagte, er hat mich jahrelang unterdrückt und einverleibt, im wahrsten Sinne des Wortes. Diese Wahrnehmung sei nur mein Problem, nicht seins, meinte mein Therapeut. Da sehen Sie mal, wofür man heutzutage die Leute bezahlt: nämlich, dass man so was ins Gesicht gesagt kriegt. Wenn mir das meine beste Freundin gesagt hätte, ich wäre ausgerastet. Obwohl es so ein richtiger, wohlmeinender und dann auch noch kostenloser Rat gewesen wäre.

Nun gut. Nach meiner Therapie begann ich also, die Antwort auf alle Eheprobleme in mir selber zu finden, und siehe da, es wurde alles gut. Wir sind immer noch zusammen. Und auf diese Leistung, die ich da erbracht habe, bin ich stolz. Es ist das Beste, was ich in meinem Leben vollbracht habe. Weil ich an mir selber gearbeitet habe. Das ist vielleicht keine Leistung im klassischen Sinne, eine, die man messen könnte oder eine, die nach außen sichtbar ist. Aber es ist eine sehr gute menschliche Leistung, finde ich. Denn jetzt weiß ich, dass wir bis zu meinem Lebensende, das in großen Schritten naht, zusammenbleiben werden. Dass der Hans mir meine Hand halten wird, wenn es so weit ist.

Ich habe mich noch mal richtig neu in Hans verliebt. Ja, das geht! Ich sehe ihn jetzt mit ganz anderen Augen. Ich verstehe seine Bedürfnisse besser. Es regt mich jetzt nicht mehr auf, dass er alleine Urlaub macht mit seinen Kumpels, zum Motorradfahren oder zum Bergsteigen ohne mich aufbricht. Ich weiß, dass das nichts mit mir zu tun hat, keine Zurückweisung meiner Person ist. Sondern einfach nur, weil er Lust drauf hat, stimmt's, Hans? Und auch du verstehst mich besser. Zum Beispiel, dass ich nicht dein Besitz bin und du keinen Anspruch auf den gedeckten Tisch zu Hause hast, wenn du von der Schicht heimkommst.

Kaum, dass wir unsere Ehe nach über zwanzig Jahren gerettet haben, bekam ich diese Krebsdiagnose. Ich habe einen tückischen Hautkrebs, und die Ärzte sagen, ich habe nicht mehr lang. Das war zuerst natürlich ein Riesenschock. Warum ich? Warum jetzt? Wir wollten doch gerade durchstarten ins Leben, nach allem, was wir gelernt haben. Es fühlt sich für mich an, als hätte ich gerade den Führerschein gemacht und werde nach bestandener Prüfung niemals Autofahren dürfen. So liege ich hier zu Hause im Krankenbett statt an einem See in Kanada. Dort wollten Hans und ich nämlich mit einem Reisebus hinfahren. Wir wollten Kanada einmal längs, einmal quer erobern. Es muss so eine schöne Natur dort sein. Wir hatten auch schon gespart dafür. Bis vor zwei Monaten habe ich als Sprechstundenhilfe in einer Zahnarztpraxis gearbeitet. Dabei wird man nicht reich, aber es hat Spaß gemacht. Ich mag es, Menschen zu organisieren, Termine zu machen und hin und her zu schieben und die Leute ein wenig zu trösten, wenn sie nach einer Weisheitszahnoperation mit einer dicken Wange aus dem Behandlungszimmer kommen. Ich mag auch die Routine, die mein Job mit sich bringt. Noch kann ich mir gar nicht vorstellen, dort wohl nie wieder hingehen zu können.

Die Spuren, die ich hinterlassen möchte, sollen sich alle in Hans wiederfinden. Und all meinen Freundinnen und Freunden möchte ich ein Beispiel dafür gewesen sein, dass es sich lohnt, eine Beziehung aufrechtzuerhalten. Solange noch ein

Funken Liebe da ist, geht es. Aber der muss schon da sein. Manchmal ist er verschüttet von einem Steinbruch aus Alltagsproblemen und muss mit einer Sonde gesucht werden.

Und auch wenn ich jetzt dieses wiedergefundene Glück nicht mehr werde leben können, so kann ich doch viel besser sterben. Lieber sterbe ich mit fünfzig in einer glücklichen Beziehung, die ich mir mit hohem Einsatz erkämpft habe, als mit achtzig alt und klapprig, einsam und allein. Selbst wenn ich jetzt noch so viel vorhatte. Aber Gott wird schon seinen Plan mit mir gehabt haben, weswegen ich jetzt die Welt verlassen muss.

Lies das ruhig einer an meinem Grab vor. Ich möchte nicht eingeäschert werden, sondern in einem richtigen Sarg unter die Erde gelassen werden. In so einem Wandschrank für Urnen zu stehen, eine neben der anderen, finde ich schrecklich. Damit assoziiere ich Massentierhaltung, in diesem Falle ist es Massenaschenhaltung.

Bitte trauert auch nicht zu sehr um mich. Denkt an alle guten Momente, die wir zusammen hatten. Ich bin rund mit mir, das ist doch die Hauptsache. Alles ist okay so, wie es ist.

Marianne Weber, 50 Jahre, Hautkrebs
verstorben im Oktober 201*

Wo ist bloß die Zeit hin, und was haben wir denn all die Jahre gemacht, in denen wir unsere Träume geträumt haben, statt sie zu leben?

Ich bin unendlich wütend. Sauer auf das Leben, sauer auf das Sterbenmüssen. Die Ärzte haben mir gesagt, ich soll langsam Abschied nehmen von meinen Lieben. Man wüsste nie, wie lange es noch geht. Auf Nimmerwiedersehen soll ich sagen? Meinem geliebten Mann und unserem Kind? Wir wollten doch noch so viel zusammen machen. Arno und ich haben immer gesagt, wir wollen mehr als die Hälfte unserer Träume verwirklichen. Ganz oben auf der Liste stand eine Safari in Afrika. Löwen, Elefanten und Büffel in der freien Wildbahn sehen, und mit etwas Glück auch einen Leoparden. Wir haben so viele Bücher angeguckt und Safari-Filme geschaut, aber es ist nicht das Gleiche. Man muss hinfahren. Wir haben uns sogar zu Weihnachten schon Tarnkleidung geschenkt. Die haben wir gleich am Heiligen Abend angezogen, Arno hat dann so getan, als stünde der Tannenbaum mitten in der Wüste, und versteckte sich dahinter. Ich habe mit dem Fernglas nach den wilden Tieren gesucht und so getan, als seien die Schafe und die Ochsen aus der Krippe Wasserbüffel und Impalas. Wir haben so gelacht und uns wie jedes Weihnachten gesagt: Nächstes Jahr machen wir's!

Immer kam irgendetwas dazwischen. Einmal war meine Mutter über einen längeren Zeitraum krank, und da wäre ich mir egoistisch vorgekommen, wenn ich sie alleine gelassen hätte. In einem anderen Jahr hatte Arno keinen Urlaub bekommen, weil er niemanden gefunden hat, der ihn hätte vertreten können. Arno ist Altenpfleger im Seniorenheim. Ein anderes Mal hatte unser Sohn Dirk zwei Fußballspiele, bei denen er auf Arnos Anwesenheit bestand, und die waren genau in der einzigen Zeit, in der wir beide Urlaub hätten nehmen können. Ich bin als Behördensekretärin tätig, und da ist es auch nicht so einfach mit dem Urlaub. Na ja, und so gingen die Jahre dahin, und der Traum von der Afrikareise wurde immer mehr zum Traum. Das Geld für diese Reise hatten wir uns schon zusammengespart, das Keramik-Sparschwein in Form eines Elefanten steht im Wohnzimmerregal.

Wir hatten aber auch noch andere Träume, die leichter umzusetzen gewesen wären. Ein neues Kaffeeservice, eine Alpenüberquerung mit dem Deutschen Alpenverein, einen gemeinsamen Malkurs. Eine heruntergekommene Hütte in den Bergen kaufen und wieder herrichten. Einen Dritte-Welt-Laden aufmachen. Ja, und ich kann es ja sagen, weil das jetzt ohnehin nichts mehr wird und ich mich nicht mehr schämen muss, wir wollten mal zusammen in einen Swinger Club gehen. Davon habe ich immer so viel gelesen, und es hätte mich schon mal interessiert. Natürlich nur mit dem Arno zusammen.

Tja, und jetzt geht nichts mehr davon, denn ich bin unheilbar krank geworden. Wo ist bloß die Zeit hin, und was haben wir denn all die Jahre gemacht, in denen wir unsere Träume geträumt haben, statt sie zu leben? Ich könnte verzweifeln. Wenn ich auf mein Leben zurückblicke, habe ich das Gefühl, nur auf diese Träume zurückzublicken. Dabei habe ich sicher auch Schönes erlebt. Aber im Moment weiß ich gar nicht so genau, was. Es fühlt sich im Rückblick verschwommen an, mein Leben, mit wenigen Höhepunkten. Unsere Hochzeit, die Geburt von Dirk, Arnos Ernennung zum Präsidenten im Schützenverein. Mehr fällt mir gerade nicht ein. Die Träume waren Höhepunkte in meinem Leben, und nun macht es mich wahnsinnig traurig, dass sie unverwirklicht bleiben müssen. Nur weil immer irgendwas dazwischenkam, oder weil ich es nicht angepackt habe. Ich hätte es mehr anpacken sollen, das Leben.

Ulrike Pötzsch, 53 Jahre, Brustkrebs
verstorben im Juli 201*

Das Schicksal eines Lebens

Wenn ich meinem Leben eine Überschrift geben würde, dann hieße sie »Das Schicksal eines Lebens«. Man kann sich im Leben ja nicht aussuchen, was einem passiert, man stolpert rein in eine Situation, und dann muss man sehen, wie man damit fertig wird. Aber man kann nicht sagen, ich will das und das machen, das klappt nicht. Das habe ich immer wieder erfahren. Ob das nun meine zwei Lungenentzündungen waren, wegen derer ich plötzlich ins Krankenhaus musste, oder dass ich eine Frau hatte, die mit achtundfünfzig Jahren an Krebs verstarb, das war alles Schicksal.

Auch im Beruf kam ich oft in Situationen, die unvorhersehbar waren. Ich war als Schreiner im Ladenbau tätig. Wir machten die Ladeneinrichtung von Cafés und Metzgereien. Die Theken vorne und die Regale hinten, wo die Metzgereien die Wurst hinhängen. Und manchmal, wenn wir irgendwo hinkamen, sagten die Besitzer, dass sie unbedingt am nächsten Tag den Laden aufmachen wollten. Dann mussten wir halt die ganze Nacht durcharbeiten. Aber daran hat man sich auch gewöhnt.

Doch einmal gab's eine böse Sache, aber Gott, die ist vorbei. Ein Rechtsanwalt aus Köln rief bei mir in der Firma an und wollte mich sprechen. Er sagte, es tut mir leid, dass ich Sie anrufen muss, aber Ihre Tochter hat gesagt, dass ich mich bei Ihnen melden soll und nicht bei Ihrer Frau. Ihre Tochter hat Angst, der Mutter etwas zu sagen. Da musste ich meiner

Frau beibringen, dass die Lena mit Drogen erwischt wurde und nun im Gefängnis saß. Das war immer so, wenn irgendwas war, ging das alles über mich. In der Beziehung war ich ein bisschen stärker als meine Frau und musste dann halt immer den Buckel hinhalten. Ich habe dann zu meiner Frau gesagt, horch, die Lena lassen wir nicht fallen, die ist unser Kind, da gibt's nichts, wir müssen uns jetzt drum kümmern. Und das haben wir auch gemacht. Sie hat fast vier Monate in Köln im Gefängnis gesessen, und wir sind jede Woche hingefahren und haben Besuchszeit gemacht.

Vorwürfe, dass die Lena Heroin genommen hatte, habe ich mir nicht gemacht, da kann man sich auch gar keine Vorwürfe machen. Der Lena auch nicht, das ist Schicksal. Meine Frau hat gesagt, sag bloß nichts, gell! Lass sie in Ruhe, wir sind froh, dass sie jetzt so weit raus ist und dass sie jetzt nicht wieder was nimmt. Meine Frau und ich hatten auch gleich vereinbart, dass wir die Verwandtschaft und die ganze Nachbarschaft einweihen. Wir haben dann offen mit den Leuten geredet, die Lena ist drogensüchtig, und fertig. Denn das kann man nicht heimlich machen, das bringt gar nichts. Und so haben sie nichts gegen uns gesagt, und wir haben auch hintenrum nichts gehört.

Trotzdem das mit der Tochter so schlecht war, habe ich mich nie unterkriegen lassen im Leben. Man darf den Kopf nicht hängen lassen, man muss immer sehen, dass man weiterkommt, irgendwie. Ich meine, neben den Rückschlägen habe ich auch so viele gute Sachen erlebt. Nachher war ich Wanderführer von einer sechzig Mann starken Wandergruppe. Das habe ich gerne gemacht, alles Mögliche habe ich da zustande gebracht.

Die Kraft, um immer wieder reinzukommen ins Leben, habe ich mir selbst gegeben. Denn der Glaube hat für mich gar keine Rolle gespielt. Von daheim aus bin ich katholisch gewesen, und da habe ich das Religiöse halt so mitgemacht. Aber später war mir die Religion gar nichts mehr wert. Ich glaube auch nicht an ein Leben nach dem Tod. Wenn man stirbt, ist man fort, die Seele kommt da oben irgendwohin, und das ist dann unser Leben gewesen. Also, ich bin der Meinung, da gibt's weiter nichts mehr.

Friedrich Köhler, 86 Jahre

War ich eine gute Mutter?

War ich eine gute Mutter? Das ist das Einzige, was mich jetzt beschäftigt. Diese Frage stelle ich mir die ganze Zeit, während ich hier zu Hause liege und nichts mehr tun kann. Bevor ich krebskrank wurde, war ich eine sehr aktive Frau, sehr umtriebig. Mein halbes Leben habe ich darauf Zeit verwendet, meinen beiden Kindern den Weg für ein Leben auf der Sonnenseite zu ebnen. Gerne hätte ich noch mehr Kinder gehabt, aber das sollte nicht sein. Drei Mal habe ich mein drittes Kind verloren. Es ist immer zwischen der zwölften und dreizehnten Schwangerschaftswoche abgegangen.

Für die Kindererziehung war meine Halbtagesstelle in der Krankenhausverwaltung gerade richtig. Morgens Schreibkram, nachmittags Kinderkram. Dazu gehörte natürlich vor allem, Lisa und Timo eine angemessene Bildung zu ermöglichen. Klavierunterricht, Sport in einem Verein, am Wochenende Landausflüge in den bayerischen Wäldern. In der Schule war ich stets bei den Hausaufgaben hinterher. Da bin ich nach wie vor der Meinung, dass man an dieser Stelle als Mutter oder Vater hinterher sein muss, von alleine passiert da so gut wie gar nichts. Ich halte auch nichts von diesem Montessori-Ansatz, dass man den Kindern jeweils nur das beibringen soll, was sie gerade lernen möchten. So geht das Leben nämlich gerade nicht. Als ob man im späteren Leben auch immer nur das machen könnte, worauf man gerade Lust hat. Das wissen wir doch eigentlich ganz genau, dass das Leben zu großen Teilen aus Disziplin besteht. Hoffentlich konnte ich euch das mitgeben, dann wäre ich schon ein wenig beruhigt.

Jetzt studiert ihr beide, darauf bin ich stolz! Meinen Mann hat das Ganze nie so interessiert, er sagt immer zu mir: »Lass doch laufen, Franzi. Du hast es ohnehin nicht in der Hand.« Ich weiß, lieber Werner, aber was ist, wenn unsere Kinder keine zufriedenen und im Großen und Ganzen ehrlichen, verantwortungsbewussten Menschen werden? Dann würde ich mich schuldig fühlen. Denn das habe ich doch sehr wohl in der Hand als Mutter. Dass ich das jetzt hier vom Bett aus nicht mehr steuern kann, das macht mich ganz krank. Und dass ich möglicherweise nicht mehr miterleben soll, was aus Lisa und Timo wird, das möchte ich mir gar nicht vorstellen. Der Gedanke zu sterben, der ist mir einfach nicht geheuer. Loslassen vom Leben meiner Kinder, das kann ich nicht, und ich will es auch nicht. Loslassen von meinem eigenen Leben? Meine Kinder sind mein Leben.

Daher habe ich auch wenige Freundinnen oder Freunde. Denn über die Kindererziehungsfrage, darüber können selbst die besten Freundschaften zerbrechen. Mir ist genau das passiert. Es war die schmerzlichste Erfahrung in meinem Leben. Meine allerbeste Freundin Ina habe ich im Skilager in Ischgl in Österreich kennengelernt. Wir waren damals beide zwölf Jahre alt und gingen zwar in dieselbe Schule, aber in verschiedene Klassen. Das war in einem kleinen Dorf in der Nähe von Rosenheim. Wir waren uns in vielem einig, auch bei der Wahl unserer Männer, also ich meine damit, dass wir uns gegenseitig gut beraten haben, ob der jeweilige Mann zu uns passt und ob er als Vater unserer Kinder taugen würde. Kinder waren schon ganz früh das Dauerthema zwischen uns. Wir haben so viele Eltern beobachtet, wie sie ihre Kinder erziehen. Und dann haben wir immer gesagt: Ja, wenn wir erst mal Kinder haben, dann machen wir es ganz anders. Dann machen wir es perfekt. Unsere Kinder werden anständig bei Tisch sitzen, werden keine verschmierten Schnupfnasen haben und werden im Restaurant oder auf der Straße auch nicht herumschreien. Sie werden sonntags ruhig und brav in der Kirche sitzen.

Ina wurde drei Jahre vor mir erstmals Mutter. Schon mit dem Säugling ging sie ganz anders um, als ich es später tat. Wie schnell wir dann in Streitereien gerieten über Kleinigkeiten, meine Güte. Über das Stillen. Über die richtige Kleinkindnahrung. Über den Sinn oder Unsinn musikalischer Früherziehung. Darüber, ob es richtig ist, sich als Mutter in Kinderstreitereien auf dem Spielplatz einzumischen oder nicht – wenn das eigene Kind dem anderen Eimer und Schaufel weggenommen hatte. Und unterschwellig, nie haben wir es ausgesprochen, aber es war deutlich fühlbar, ging es natürlich darum, ob Inas oder meine Kinder zuerst laufen, sprechen und bis zwanzig zählen konnten.

Ina und ich haben seit zwanzig Jahren nicht mehr miteinander gesprochen. Im Rückblick bin ich traurig. Traurig darüber, dass wir unsere Freundschaft haben auseinanderbrechen lassen wegen unserer Vorstellungen über Kinder. Wir hatten eine wirklich gute Freundschaft, bevor wir Kinder hatten. Zwischen uns passte kein Löschblatt.

Franziska Alois, 47 Jahre, Krebs
verstorben im Dezember 201*

Der große rote Faden in meinem Leben hieß bisher Einsamkeit

Ich habe Krebs, einen inoperablen Tumor, wie sie sagen. Dass mein Ende absehbar geworden ist, das jagt mir keine Angst ein. Ich bin zwar nicht gerade resigniert, aber habe doch das Gefühl, dass es relativ egal ist, ob es mich gegeben haben wird oder nicht. Ich hinterlasse nicht viel, das bleiben könnte. Ein Leben nach dem Tod kann ich mir nicht vorstellen, und so habe ich in diese Richtung weder Hoffnungen noch Befürchtungen.

Der große rote Faden in meinem Leben hieß bisher Einsamkeit. Ich war irgendwie immer Außenseiter, konnte nie so richtig Anschluss finden, also echten Anschluss im Sinne von Nähe zu Menschen. Selbst in meiner Ehe nicht, Margot weiß das. Ich habe ihr das auch immer ehrlich gesagt, dass meine Sehnsucht unendlich groß ist, von wenigstens nur einem einzigen Menschen verstanden zu werden. Diese Sehnsucht hat mein ganzes Leben geprägt. Aber schon in der Schule hat das nie geklappt. In der Fußballmannschaft sind sie nach dem Training was trinken gegangen, ohne mich. Auf Klassenfahrten bekam ich immer das letzte Bett im großen Schlafraum, das noch übrig war, und es hat auch nie jemand auf mich gewartet, wenn die Zeit drängte. Mir hat auch nie jemand was mitgebracht oder mir die Hausaufgaben gegeben, wenn ich krank war. Es rief auch nie jemand an. Ich habe das alles genau beobachtet, und meine Eltern haben gesagt: Mach dir nichts draus, Junge, du bist halt anders. Du brauchst das nicht so, dass die anderen dich mögen. Hauptsache, du fühlst dich wohl in deiner Haut. Das habe ich aber nie so richtig getan. Umgekehrt habe ich so viel reingebuttert, war immer hilfsbereit, habe mich immer angeboten, wenn man mal jemandem unter die Arme greifen musste, sei es, beim Peter ein Regal anzubringen oder so was. Habe auch mal mein Auto hergeliehen, so kleine Sachen halt. Es heißt doch immer: Geben und Nehmen gleichen sich aus, und zum Helfen sind Freunde da.

Ich habe mich dann schon ganz gut durchs Leben geschlagen, was soll man auch sonst machen. Ein paar Freunde habe ich in der Ausbildung gefunden, auch wenn ich genau weiß, dass sie nie für mich da wären, wenn es brennt. Da bin ich mir ganz sicher. Ob das dann wirkliche Freunde sind, diese Frage habe ich mir oft gestellt. Wenn es dem einen schon zu mühsam ist, mir etwas vom Baumarkt mitzubringen, weil er keine Zeit hat, wie soll er dann erst für mich da sein, wenn es drauf ankommt? Margot hat dann immer gesagt, kleine Gefallen haben mit großen nichts zu tun. Na ja. Den großen Gefallen, hier an meinem Sterbebett vorbeizuschauen, den hat *er* mir jedenfalls noch nicht getan. Ich möchte jetzt keinen Namen nennen, damit er das an meinem Grab mit sich selber ausmachen kann.

Vielleicht waren auch meine Erwartungen an das, was zwischenmenschliche Nähe sein soll, zu hoch. Und vielleicht habe ich aus lauter Angst vieles auch gar nicht zugelassen. Jetzt ist das eh zu spät, also was soll ich da groß drüber nachdenken. Ich bin auch nicht bitter, denn man kann sich das Leben ja durchaus so einrichten, dass es passt. Und das habe ich auch getan. Und das sollte man meiner Meinung nach auch tun. Denn man kann ja das Leben nicht ständig als Mängelbericht betrachten. Margot habe ich über ein Partnerschaftsvermittlungsinstitut kennengelernt, wo ich inserierte, als ich auf die vierzig zuging und immer noch keine Frau hatte. In die Anzeige schrieb ich: »Systemplaner mit geregeltem Einkommen sucht Frau zwecks

Heirat. Kein Kinderwunsch. Ihr Herz soll sie ihm geben, aber seine Freiheit muss sie ihm unbedingt lassen«.

Es haben sich nicht viele gemeldet, Margot hat mir vom Foto her am besten gefallen, also wurde sie meine Frau. Ich glaube, sie ist die Einzige, die mich versteht in meinem Gefühl, mich von niemandem richtig verstanden zu fühlen. Vielleicht ist sie daher der wichtigste Mensch in meinem Leben.

Dass ich nie Kinder wollte, hat sie akzeptiert. Dafür bekam sie immer Sicherheit. Auch nach meinem Tod ist für sie gesorgt. Und ich bin froh, dass ich mir jetzt keine Gedanken darüber machen muss, wie meine Kinder durchkommen ohne mich, ob sie eine anständige Ausbildung machen, ob sie gesund bleiben, ob sie so was wie Liebe bekommen und ob sie über kleine Sachen lachen können. Über die kleinen Sachen zu lachen – das kann ich nämlich gut! Und das hat mir am Leben bis jetzt am besten gefallen.

Wolfgang Schmitz, 57 Jahre, Bauchspeicheldrüsenkrebs
verstorben im September 201*

Jedenfalls war es mir wichtig, immer gut durchzukommen

Als ich neulich las, das Hauptmerkmal vom Sternzeichen Fisch sei, immer den bequemeren Weg zu gehen, dachte ich, Menschenskind, das stimmt genau. Auch wenn der bequemere Weg gar nicht mal der bessere ist. Mein Lebensmotto war, mach dir das Leben angenehm auf dieser schönen Welt. Das war eigentlich so ein Spruch von meinem Vater. Jedenfalls war es mir wichtig, immer gut durchzukommen, möglichst ohne Schwierigkeiten und ohne groß anzuecken. Das ist wohl nicht gerade sehr edel, ist aber so.

Bequem war es zum Beispiel, bei meiner Mutter wohnen zu bleiben. Denn hausfraulich bin ich eine absolute Niete, ich kann nicht mal kochen. Das brauchte ich aber auch nicht, weil meine Mutter bis zu ihrem Tod im Alter von siebenundneunzig Jahren alles gemacht hat. Von Einkaufen über Kochen bis Waschen. Wenn ich mal irgendwas machen wollte, hat sie gesagt, also wenn ich das schon sehe, lass mal, das mach ich alleine. Als sie gestorben ist, war ich als Hausfrau natürlich auf vollkommen verlorenem Posten. Die letzten dreißig Jahre habe ich nur Fertigzeug gekauft. Aber das hat mich auch nicht gestört, ich mache mir nichts aus Essen.

Vielleicht war es auch der bequemere Weg, meinen Freund nicht geheiratet zu haben. Aber es war richtig so, es war in Ordnung. Ich hätte es nicht fertiggebracht, meine Mutter alleine zu lassen. Sie war so eine Liebe, meine Mutter war das Einzige, das ich wirklich geliebt habe. Die stand einfach über allem. Und mit meinem Freund haben wir das irgendwie managen können, der musste das halt mitmachen. Mich innerlich mit irgendwas rumzuplagen, nee. Ich habe das eigentlich immer schaukeln können, wie ich es haben wollte.

Das war aber auch nicht so schwer, weil ich keine großen Ziele hatte. Ich kann mich zum Beispiel nicht erinnern, dass ich jemals auch nur den Wunsch nach Kindern hatte. Vielleicht ist das eine Schande, aber sie haben mir nie gefehlt. Mir wurde nie vorgehalten, dass ich mich mit dieser Haltung vor einer gewissen Verantwortung gedrückt hätte. Ich weiß nur, dass viele der Ladys hier im Pflegeheim Großmütter sind und auf einem ganz anderen Standpunkt stehen. Für sie ist es der Sinn des Lebens, Kinder zu haben. Aber das ist nicht mein Empfinden. Ich klopfe mir auf die Schulter und sage, das hast du klug gemacht, dass du alleine bist.

Du hattest ein angenehmes, gemütliches Leben. Das, was ich mir gewünscht habe, habe ich mir selber erfüllen können. In bescheidenem Umfang. Ich habe bei der Post im Fernmeldeamt gearbeitet, bin zweimal im Jahr verreist und hatte einen großen Freundeskreis. Ich konnte immer machen, was ich wollte, und mir hat keiner reingeredet. Ein anderer könnte denken, das ist gar nicht möglich, dass man mit so einem verhältnismäßig bescheidenen Leben zufrieden ist. Aber ich bin dankbar für alles, wie es gekommen ist.

Das klopfe ich aber jetzt schnell ab, ich bin nämlich abergläubisch. Das Klopfen kann vielleicht verhindern, dass irgendwas passiert, was meine Zufriedenheit ändern könnte. Denn selbst im Heim kann ich mich nicht beklagen, ich finde es hier sehr angenehm. Ich habe ein schönes Zimmer, die meisten meiner Sachen sind bei mir, ich kann gut alleine sein, liege auf der Couch, lese viel und komme auch mit allen anderen hier gut zurecht. Und immer wenn jemandem etwas an mir nicht passt, kann ich sagen, ach ja, ich bin neunzig. Was kannst du noch von mir erwarten? Schön bequem.

Luise Zscherny, 90 Jahre

Wer weiß: Vielleicht werde ich als Wal wiedergeboren. Das würde zu mir passen

Beobachten und daraus lernen: Das ist es, was ich am Leben liebe. Ich liebe es zum Beispiel, Kindern und ihren Eltern auf dem Spielplatz zuzuschauen. Dabei ist das Verhalten der Mütter und Väter oft interessanter als das der Kinder. Man kann sofort sehen, was aus Liebe geschieht, und was aus übertriebener Fürsorge, manchmal sogar aus richtiger Angst. Es ist so schwer, das richtige Maß zu finden, seine Kinder aufs Leben loszulassen. Auf das Leben mit all seinen Widrigkeiten und Gefahren, aber auch mit all seinen Schönheiten. Für jeden ist ja auch etwas anderes gefährlich, etwas anderes schön. Vor allem ist für jeden etwas anderes richtig.

Schon als kleiner Junge wurde bei mir ADHS diagnostiziert. Die ersten Jahre war meine Familie etwas ratlos, wie sie damit umgehen soll. Erst sollte ich Tabletten bekommen, aber das fühlte sich nicht richtig an. Meine Eltern haben lange gebraucht, um zu verstehen, was für mich richtig ist und was ich brauche. Sie waren sich darüber auch nicht einig. Irgendwann haben sie mich von zu Hause weggeschickt und sich endlich getraut, mich auf mich selber loszulassen. Das war das einzig Wahre. Ich wurde auf eine Fischzucht-Farm ans pazifische Meer geschickt. Und plötzlich war ich kein Niemand mehr, der immer nur rumzappelt. Sondern ich war jemand, der gebraucht wird. Ja, Gebrauchtwerden, das ist wichtig. Teil von etwas zu sein. Ich musste mich darum kümmern, dass die Becken immer sauber waren, dass der Salzgehalt im Wasser stimmte, dass das Wasser bakterienfrei war. Wir haben Seebrassen gezüchtet. Und wenn die Großhändler kamen, dann durfte ich die Fische aus dem Becken holen und sie in Kisten auf deren große Lastwagen verladen. Eigentlich wäre ich gerne als Fisch auf die Welt gekommen. Im Wasser ist man frei und leicht. Es gibt keine Begrenzungen. Man darf sich durch die Meere zappeln. Niemand will einen ruhigstellen. Endlose Bewegung. Das ist mein Traum.

Warum sollen Menschen denn immer ruhiggestellt werden? Dann würde sich doch kaum noch etwas bewegen. Klar, in der Ruhe liegt die Kraft, sagen sie. Aber in der Bewegung, da liegt noch viel mehr Kraft. Und mich konzentrieren auf etwas, wofür mein Herz schlägt: Das kann ich auch. Glauben Sie wirklich, ich hätte sonst die Seebrassen über zehn Jahre hinweg aus dem Becken fischen können, wenn die Händler kamen? Also, es geht doch. Man muss nur das finden, was richtig für einen ist. Das sagt sich leichter, als es ist. Ich erachte es als Glück, dass meine Eltern das relativ früh für mich herausgefunden haben. Denn sonst wäre ich jetzt, da mein Leben offenbar bald zu Ende ist, noch gar nicht zufrieden gewesen.

Eigene Kinder wollte ich nie haben. Ich hatte nämlich immer Angst vor der Verantwortung. Angst davor, nicht die richtigen Entscheidungen für sie zu treffen. Und davor, sie nicht auf den für sie richtigen Weg zu schicken. Ich weiß, das ist feige. Aber es ist so. Deswegen beobachte ich lieber Kinder und ihre Eltern auf den Spielplätzen und lerne daraus, dass es vielleicht für sie richtig ist, aber nicht für mich.

Wer weiß: Vielleicht werde ich als Wal wiedergeboren. Das würde zu mir passen. Meine Eltern sind Buddhisten, ich stehe dieser Philosophie auch sehr nahe. Daher glaube ich an Wiedergeburt. Ich fühle, ich bin mit einem guten Karma auf diese Welt gekommen. Ich habe sehr viel Gutes in mir gespeichert und Leidbringendes aus meinem Leben entfernt. Ich habe keine Mühen, in den Tod zu gehen. Vielmehr schließe ich die Augen und rufe dem Meer zu: Nimm mich, hol mich. Ich gehöre zu dir.

Michael Steinfeld, 49 Jahre
verstorben im März 201*

Ich ziehe das jetzt durch

Mein Sohn arbeitet am Flughafenkiosk, er muss morgens um fünf aufstehen. Er verkauft viele internationale Zeitschriften an internationale Leute. Da kriegt er viel mit. Obwohl er kein Englisch kann. Aber das muss man auch nicht können, um viel mitzukriegen. Ich bin stolz auf ihn. Weil er sich keine eigene Wohnung leisten kann, wohnt er bei mir und räumt mir jeden Abend die Waschmaschine aus. Die ist im Schleudergang so laut, als hebe eine Rakete ab. Dann hängt er die nasse Wäsche auf einen Wäscheständer. Der steht jetzt auch nur im Wohnzimmer, weil ich Krebs habe und ich ihn, also den Ständer, und die Wäsche nicht mehr selber aufräumen kann. Das macht jetzt mein Sohn, aber der kommt ja immer erst abends von der Arbeit nach Hause.

Mein erster Sohn ist früh Vater geworden und macht jetzt eine Ausbildung zum Altenpfleger. Ein Bandscheibenvorfall war es, der meinen Krebs offengelegt hat. Wurde durch Zufall entdeckt. Nächste Woche habe ich meine sechste Chemo. Ich ziehe das jetzt durch. Was soll man auch machen. Hab das Leben immer genommen, wie es kam. Es hilft ja nichts rumzujammern. Diese vielen Leute, die mit jeder kleinen Schwierigkeit gleich ein Problem haben und sich aufregen über alles Mögliche, die verstehe ich nicht. Vielleicht bin ich nicht so ein gefühlvoller Mensch, weder in die eine noch in die andere Richtung, weswegen ich diese Leute nicht verstehe. Keine Ahnung. Meine Mutter hat mich in früher Kindheit vernachlässigt, aber darüber möchte ich nicht reden, dieses Kapitel ist geschlossen. Ich schließe gerne Kapitel in meinem Leben.

Mein Mann ist vor sechs Jahren schon gestorben, auch an Krebs.

Diese Perücke haben sie mir verkauft, mit extra Shampoo und so. Bei dieser Gelegenheit habe ich mir eine neue Haarfarbe ausgesucht und auch einen neuen Schnitt. Aber ich gehe nicht so gern raus, bin zu schwach. Wenn man es so sieht, war das mit der Perücke umsonst.

Vierzehn Jahre habe ich bei Penny gearbeitet. Bis ich krank wurde. Hat mir Spaß gemacht. Habe alles gemacht, Kasse, Lager, Wareneingang. Die Kasse war am interessantesten, weil man dort ja mit den Kunden in Kontakt kommt. Die haben sich über die Jahre auch verändert. Keine Zeit mehr, ein paar Worte zu wechseln. Eine Zeit lang kam ein Mann jeden Abend kurz vor Ladenschluss, kaufte immer dasselbe: Äpfel, eine Flasche Bier und eine Packung Windeln. Jeden Abend. Wozu braucht jemand täglich eine Packung Windeln? Er wechselte zwar immer die Kasse, aber unter den Kolleginnen hat sich das sofort herumgesprochen. Niemand von uns hat sich getraut, ihn nach den Windeln zu fragen. Das hätte ich gerne noch mal gewusst, bevor ich sterbe.

Klaudia Lobing, 53 Jahre, Krebs
verstorben im September 201*

Ich denke schon immer wieder über diese Zufall-oder-Schicksal-Frage nach

In meinem Leben ist viel durch Zufall geschehen. Das ging schon mit meiner Geburt los. Eigentlich sollte ich in Deutschland auf die Welt gekommen sein, aber weil meine Eltern nicht rechtzeitig über die Grenze kamen, gebar mich meine Mutter noch in Polen – im Auto. Meine Eltern sind Polen. Ob ich ein anderer Mensch geworden wäre, wäre ich gebürtiger Deutscher? Ich weiß es nicht. Sicher wäre ich aber ein anderer Mensch geworden, wenn ich nicht eines Tages meine große Schwester tot in ihrem Bett aufgefunden hätte. Damals war ich zehn Jahre alt. Heute bin ich dreiundsechzig. In den abgelaufenen dreiundfünfzig Jahren ist nicht ein Tag vergangen, an dem ich nicht daran gedacht habe. Wie sie da lag, völlig regungslos. Anna hatte mit unserer Schwester Luisa ein Zimmer geteilt, ich mit meinen beiden Brüdern. Unsere Wohnung war viel zu klein, als dass jedes Kind ein eigenes Zimmer hätte haben können. Weil Luisa mit der Schule ins Landschulheim gefahren war, habe ich diese eine Nacht in ihrem Bett geschlafen und war somit bei Anna. Mein Vater hatte das zwar verboten, aber ich habe es trotzdem gemacht. Ich mochte sie sehr, wir verstanden uns gut. Ja, und in dieser Nacht schlief Anna ein und wachte nie wieder auf. Ich habe sie angeschrien und durchgerüttelt, aber das Einzige, was sich bewegte, war das Bett. Bis heute weiß keiner, warum. Ich werde den Gedanken nicht los, dass sie nur gestorben ist, weil ich zufällig in dieser Nacht neben ihr geschlafen hatte. Oder war das kein Zufall, sondern Schicksal?

Diese Frage stelle ich mir seit diesem Tag vor dreiundfünfzig Jahren, und ich habe bis jetzt keine Antwort gefunden.

Höchstens in der Bibel. Darin lese ich manchmal. Es gibt Stellen, die können durchaus Trost spenden. Zum Beispiel bei den Korinthern, wo sinngemäß steht, dass Schicksalsschläge so was wie Prüfungen sind, die Gott uns auferlegt. Und dass er die Menschen auf diese Prüfungen vorbereitet, indem er uns die Kraft gibt, sie auch zu bestehen.

Wäre das nicht passiert, wäre ich sicher ein anderer Mensch geworden. Nicht so ängstlich, sondern selbstbewusst mit voller Kraft voraus. Wie jemand, der mit zweihundert Sachen auf der Autobahn fährt und sich überhaupt nicht vorstellen kann, dass das auch schiefgehen könnte. Vielleicht habe ich mir deswegen auch einen Beruf gesucht, bei dem nicht viel passieren kann. Eigentlich wollte ich Rennfahrer oder Pilot werden. Einen Beruf ergreifen, von dem jeder Junge träumt. Aber dazu hatte ich dann nicht mehr das nötige Selbstbewusstsein. Zumindest bilde ich mir ein, dass das etwas mit dem Ereignis aus meiner Kindheit zu tun hat. Ich habe jetzt auch nicht all die Jahre dagesessen und gejammert, und es kann ja auch sein, dass ich auch ohne Annas Tod im Nebenbett kein Rennfahrer geworden wäre. Aber ich denke schon immer wieder über diese Zufall-oder-Schicksal-Frage nach. Und dann denke ich mir: Was haben alle diese Leute, denen in ihrer Kindheit oder auch in ihrem späteren Leben nichts Besonderes passiert, für ein Glück. Die wissen es nur nicht. Ich kann jedenfalls sagen, dass diese eine Nacht bestimmend war für den Rest meines Lebens. Vielleicht hätte ich Kinder haben wollen, wäre das nicht passiert. So aber hatte ich viel zu viel Angst, dass ich sie abends ins Bett bringe, ihnen eine Gute-Nacht-Geschichte vorlese und sie am nächsten Morgen tot im Bett finde. Diese Angst konnte ich nie überwinden, obwohl ich weiß, wie unwahrscheinlich das ist.

Statt Rennfahrer bin ich Fluglotse geworden. Das ist auch ein guter Beruf, er macht mir Spaß. Vor einem halben Jahr bekam ich eine Grippe mit Gliederschmerzen. Zu harmlos, um zum Arzt zu gehen, dachte ich. Drei Tage später klappte ich während eines Manövers am Flughafen zusammen. Jetzt habe ich nicht mehr lange zu leben. Seitdem ich das weiß, lese ich wieder mehr in der Bibel und nehme diese Nachricht als Prüfung Gottes, die ich zu bestehen habe.

Dawid Piecek, 62 Jahre
verstorben im August 201*

Jetzt die Flügel hängen zu lassen, das wäre nicht meine Art

Ich bin ein unruhiger Mensch. Immer muss ich etwas tun, mich ständig betätigen. In der Kultur und im sozialen Bereich. Als Kind faszinierten mich der Tanz und die Welt des Theaters. Wenn ich Balletttänze improvisierte, war ich glücklich. Dann war ich nur mit mir und konnte all das sagen, was ich fühlte und wie es in mir aussah. Eine schöne Sache, die Befriedigung gibt. Auch heute noch habe ich diesen Bewegungsdrang, um zu sagen, was ich fühle. Zwar kann ich mich nicht mehr so wie früher bewegen, aber das ist auch gar nicht nötig.

Wichtig war mir, nie Probleme in mich reinzufressen, sondern sie anzupacken und zu bewerkstelligen. Insofern hat es für mich nie Probleme gegeben, alle haben sich immer irgendwie lösen lassen. Nicht immer auf die Weise, wie ich es wollte, aber auf einem anderen Weg, der auch nicht zum Schaden war. Als ich wegen meiner Füße mit dem Tanzen aufhören musste, habe ich eben ein bisschen im Schauspiel weitergemacht. Und als ich diese Beschäftigung wegen des Krieges abbrechen musste, dachte ich, jetzt musst du etwas völlig anderes machen, und fing an, in einem Verlag zu arbeiten, auch einfach so. Und als ich dann merkte, dass ich ein Studium brauchte, um das zu erreichen, was ich wollte, habe ich Geschichte studiert. Später war ich Chefsekretärin und anschließend Cheflektorin in einem Verlag. So war eins zum anderen gekommen, das Leben ist bunt und vielfältig.

Es wäre vermessen zu sagen, ich hätte alle meine Ziele erreicht. Ich hätte zum Beispiel gerne noch ein zweites Kind gehabt, und auch in der Liebe hat sich nicht alles erfüllt. Aber was nützt es, sich mit solchen Dingen lange herumzuplagen, da gehe ich zur Tagesordnung über, so einfach ist das. Insofern bin ich eigentlich immer ein zufriedener, fröhlicher Mensch gewesen.

Was sich neben der Betätigung im kulturellen Bereich durch mein Leben zieht, ist mein Einsatz für die Gesellschaft. Irgendwie bin ich immer auf sozialem Gebiet tätig gewesen. Das hängt wahrscheinlich mit meiner Erziehung zusammen. Schon während der Zeit des Faschismus habe ich meinen Eltern geholfen, bestimmte Dinge zu tun, die manchmal sogar mit dem Tode bestraft wurden. Aber man hat trotzdem geholfen, und diese Haltung meiner Eltern hat sich bei mir fortgesetzt. In der DDR habe ich bei der Volkssolidarität gearbeitet. Ich hatte bestimmte Straßenzüge, deren Bewohner ich bei sämtlichen Schwierigkeiten rund ums Arbeiten und Wohnen betreute. Auch heute ist mir der Gedanke an den anderen immanent. Ich habe zum Beispiel meinen Enkelkindern begreiflich gemacht, dass man ganz selbstverständlich zur Blutspende gehen muss. Ich finde, das ist man der Gesellschaft schuldig. Man sollte niemals nur sich selber sehen, sondern auch an alle anderen denken. Da ich wegen meiner Tuberkulose selbst einmal auf Blutspenden angewiesen war, habe ich gemerkt, wie wichtig der andere für einen sein kann.

Die momentane politische Situation beschäftigt mich sehr. Die Unfertigkeit und die Ungerechtigkeit, diese immer weiter auseinanderklaffende Schere. In meinem Alter hat man ja schon viel erlebt und weiß, dass das Ganze vielleicht irgendwann wieder umschlägt. Aber ändern kann ich nichts mehr und mich einsetzen für irgendetwas kann ich mich mit achtundachtzig Jahren auch nicht mehr. Das ist ein bisschen unbefriedigend, aber Gott, da muss man halt das Beste draus machen. Deswegen jetzt die Flügel hängen zu lassen, das wäre nicht meine Art.

Hannelore Otto, 88 Jahre

Es ist ein seichtes Leben, aber es gefällt mir

In meinem Leben frage ich mich oft, was mir wichtig ist und welches Leben ich führen möchte. Also, ich versuche nicht, irgendwelche Schablonen auszufüllen in der Art, sei ein Bildungsbürger oder sei ein erfolgreicher Unternehmer, das interessiert mich nicht. Ich probiere herauszukriegen, wer ich bin und was mir wirklich Spaß macht. Deshalb habe ich mir auch schon zweimal eine mehrjährige Auszeit genommen. Ich kündigte meinen Job, reiste monatelang um die Welt und ließ mich später in Thailand nieder. Als ich dort am Strand saß, war für mich klar, jetzt tue ich genau das, was mir Spaß macht. Es ist ein seichtes Leben, aber es gefällt mir. Viele Leute haben gesagt, ist das nicht öde, einfach nur am Strand abzuhängen, willst du nicht irgendwas Bleibendes schaffen, eine Firma gründen oder ein Buch schreiben? Das sind Leute, die große Pläne mit ihrem Leben haben. Ich frage mich dann immer, warum ist es ihnen so wichtig, ein großes Werk zu schaffen? Wenn sich nach meinem Tod keiner an mich erinnert, weil ich nichts Bleibendes hinterlassen habe, *so what!* Meine Ziele sind eigentlich nur, dass ich möglichst gut leben kann. Ich versuche, eine gewisse Unabhängigkeit zu haben, sowohl in finanzieller wie auch in geistiger Hinsicht. Ich möchte mich an relativ wenige Dinge binden. Deshalb war es ein großer Glücksmoment für mich, als ich in Thailand am Strand saß. Monatelang hatte ich mich mit dem Gedanken rumgetragen, mach ich's, mach ich's nicht. Gehe ich das Risiko ein, einfach zu kündigen. Man weiß ja nicht, ob es letztendlich gut wird und ob man je wieder den Weg reinfinden wird. Und wie ich es dann gemacht hatte, dachte ich, wow, ich habe meine Ängste überwunden, ich fühle mich einigermaßen frei.

Dann gingen mir aber noch andere Gedanken durch den Kopf. Wenn ich am Strand die Senioren beobachtete, die dort ihren Lebensabend verbringen, habe ich mich gefragt, warum sitze ich 49-Jähriger da und warum sitzen diese Alten dort. Was habe ich mit diesen Menschen gemeinsam außer nicht zu arbeiten? Ich dachte, vielleicht weiß mein Körper ja, dass ich nicht so alt werde, und will, dass ich mein Leben jetzt genieße. Dass ich nicht damit warte, bis die Rente kommt. Tatsächlich erhielt ich später die Nachricht, dass ich Nierenkrebs habe. Das war ein großer Schock für mich, weil mein Vater an Prostatakrebs gestorben ist. Während ich monatelang keine Arbeit gefunden hatte, bekam ich sofort, nachdem der Tumor rausoperiert worden war, eine passende Position. Es kann Zufall sein, aber vielleicht war ja mein Körper der Meinung, jetzt ist alles wieder einigermaßen in Ordnung, jetzt guck mal, dass wieder Kohle reinkommt. Trotzdem glaube ich, dass ich nicht so wahnsinnig alt werde. Der Gedanke, dass noch ein Krebs nachkommen könnte, macht mich noch stärker auf das Jetzt bezogen als vorher. Ich tue jetzt nur das, was mir wirklich Spaß macht. Auch wenn dies nur ein Dahinplätschern ist und ich nichts Großes dabei schaffe. Es kann nicht so verkehrt sein, weil es mir dabei gut geht. Es erstaunt mich nur, weil es ja eigentlich nichts Besonderes ist, da ist überhaupt nichts Irres dabei.

Dass ich mich immer frage, was mir im Leben wichtig ist, kommt vielleicht auch daher, dass ich schwul bin. Seit meiner Jugend, wo ich merkte, dass ich nicht bin wie die anderen Menschen, bin ich dieser Frage nachgegangen. Und wurde bei der Umsetzung in Taten immer unfassbar unterstützt von meiner Mutter. Anstatt an Vorsicht oder Absicherung zu appellieren, hat sie quasi bei allem gesagt, ja, geh, mach das, das ist klasse. Ich sage das auch zu jedem, der noch im Schwanken ist, dies oder jenes zu tun. Denn wer weiß, wie lange man noch lebt.

Johannes Voigt, 51 Jahre, Nierenkrebs

Ihr sollt nicht denken, ich wäre unglücklich gewesen

Immer habt ihr mir gesagt, ich solle aufhören, mich selber anzulügen. Schau den Tatsachen doch endlich ins Auge, Elisabeth!, habt ihr mir zugerufen. Die Tatsachen, die meine Freunde meinten, waren, dass ich zu dumm sei für ein Studium, zu faul für eine Ausbildung und zu hässlich für einen heiratswilligen Mann. Ich würde mich gehen lassen und sollte es endlich anpacken, das Leben. Was aus mir machen. Als sie das sagten, war ich Ende zwanzig. Bis dahin hatte ich tatsächlich nichts zustande gebracht. Außer, mit mir und meinem Leben zufrieden zu sein. Aber das zählt ja nichts in dieser Hochleistungsgesellschaft. Immer musste ich mich rechtfertigen dafür, dass ich die Dinge grundsätzlich okay finde in meinem Leben, so, wie sie sind. Dass ich relativ dick bin, dass mich nichts so richtig interessiert hat, dass ich einfach nur so vor mich hingelebt habe. Ich habe mich aber nie angelogen – das habt ihr nur nie kapiert!

Ihr dachtet immer, da steht eine fette Selbstlüge zwischen eurer Wahrnehmung meiner Person und mir. Dem war aber nie so. Jetzt könnt ihr es mir ja glauben. Aber irgendwas musst du doch machen aus deinem Leben, höre ich euch noch jetzt sagen. Ich habe mich immer geärgert über diesen Satz. Wo nehmt ihr eigentlich das Recht her, euch so in mein Leben einzumischen? Gut, vielleicht dachtet ihr, ihr helft mir damit und tut es ersatzweise für meine Eltern, die ich ja früh verloren habe bei einem Autounfall. Aber habe ich je meine Freunde um Rat gebeten, wie ich mit meinem Leben zurechtkommen soll? Nein. Ihr habt es wahrscheinlich nur gut gemeint mit mir, ich weiß. Irgendjemand hat doch mal gesagt, »gut gemeint« ist das Gegenteil von »gut«. So war das in diesem Fall auch. Deswegen habe ich mich auch mehr und mehr abgekapselt. Damit ich weiter in Ruhe vor mich hinleben konnte.

Wollt ihr wissen, was ich den ganzen Tag so gemacht habe? Besser gefragt: Was ich aus meinem Leben gemacht habe? Tagsüber habe ich geschlafen, und nachts habe ich im Spielcasino als Bedienung gearbeitet. Da staunt ihr, was? Den Job habe ich mir ausgesucht, weil man da fein angezogen sein muss. In meiner schwarzen Arbeitskleidung mit weißer Bluse sah ich nämlich gar nicht so schlecht aus. Schlanker vor allem. Das hat mein Selbstbewusstsein aufgeplustert. Die meisten Männer haben gutes Trinkgeld gegeben, vor allem wenn es für sie gut lief.

Ihr müsst jetzt also nicht traurig sein, dass mein Leben schon zu Ende ist. Na gut, trauern dürft ihr schon. Ich hätte auch nichts dagegen gehabt, wenn ich noch ein paar Jahre länger auf diese Weise hätte leben können. Aber ihr sollt nicht denken, ich wäre unglücklich gewesen, weil mir in euren Augen nichts gelungen ist und ich nichts hingebracht habe. In meinen Augen nämlich war ich zufrieden. Es war alles gut. Und Angst vor dem eigenen Tod habe ich deswegen nicht, weil ich schon viel Schlimmeres erlebt habe, und zwar den plötzlichen Tod meiner Eltern. Es hat auch etwas Schönes, dass ich ihnen nun folge.

Vielleicht haltet ihr mich ja weiterhin für dumm, wenn ich euch sage, dass ich nicht an ein Leben nach dem Tod glaube. Da ist nichts, was danach kommt. Das könnt ihr mir jetzt umgekehrt mal glauben. Apropos umgekehrt: Überprüft ihr doch mal, ob ihr euch vielleicht selber anlügt mit eurem Leben, das ihr führt. Seht ihr doch euren Tatsachen ins Auge.

Elisabeth Zimmermann, 47 Jahre, Leukämie
verstorben im Januar 201*

Natürlich wäre es schöner, wenn ich die Krankheit nicht hätte

Die persönliche Freiheit ist mir viel mehr wert gewesen als alles andere. Immer schon. Ich habe politisch meine eigene Meinung gehabt und habe mich auch nicht davon abbringen lassen. Bei der Musterung für die Wehrpflicht haben sie mich gefragt, wie ich zum Bau der Mauer stünde. Da stehe ich überhaupt nicht zu, sagte ich. Meine Geschwister und Verwandten wohnen drüben, ich lebe hier. Und ich wohne deswegen hier, weil ich hier meine Arbeit und meine Freundschaften habe, aber nicht wegen der Politik. Wenn Sie mich dazu zwingen, zur Armee zu gehen, dann ist das Ihr Problem, meine Meinung kriegen Sie nicht mehr aus mir raus. Ich habe von meinem Vater, der im Krieg war, gelernt, keine Waffe in die Hand zu nehmen. Trotzdem wurde ich eingezogen. Da ich dann aber Nierensteine kriegte, bin ich nach sechs Wochen wieder entlassen worden.

Wenn man Zivilcourage besitzt, ein gerades Kreuz und eine gesunde Meinung hat, kommt man ganz schön weit. Als mein Sohn ein Säugling war, habe ich gekämpft um eine vernünftige Wohnung. Nachdem mein Schreiben an den Staatsrat nichts bewirkt hatte, habe ich Theater gemacht. Ich sagte, wenn Sie mir jetzt nicht irgendeine Wohnung geben, kippe ich Ihnen den Schreibtisch um. Das hat nichts damit zu tun, dass ich gegen den Staat bin, sondern, dass ich wegen der Gesundheit meines Sohnes eine vernünftige Wohnung brauche. Auf einmal ging das, was vorher nicht möglich war. Ich kriegte ein Haus, das ich mir alleine ausgebaut habe. Auf diese Art und Weise ging das noch in vielen Situationen weiter. Natürlich kann man bei aller Zivilcourage aber auch ganz schön mit dem Kopf gegen die Mauer prallen. Na ja, ich habe da so einige Sachen erlebt. Einmal bin ich zwei Tage eingesperrt worden, weil ich den antifaschistischen Schutzwall, der den Frieden gesichert habe, nicht anerkannt hätte. So wie ich mich nicht von meiner Meinung habe abbringen lassen, habe ich dann aber auch jeden, der politisch seine eigene Meinung hatte, akzeptiert, ob sie richtig war oder falsch.

Was meine Familie betrifft, hatte ich Glück in meinem Leben. Ich bin auch so erzogen worden, dass mir das Menschliche immer mehr wert gewesen ist als das Materielle. In der Kindheit und Jugend hat man sowieso nicht viel gehabt. Mein Vater hat immer irgendwas gegen Essware eingetauscht, damit wir nicht hungern mussten. Wenn man ein Fahrrad haben wollte, musste man es sich alleine zusammenschrauben. Aber gerade dieses Einfache in der Familie, der Zusammenhalt, der hat mir immer Spaß gemacht. Mit meinem Vater bin ich in der Früh oft mit dem Fahrrad an die untere Uecker gefahren. Die Sonne ging auf, Angel rein ins Wasser, entweder haben wir was gefangen oder nichts. Auch mit meiner Frau und meinem Sohn hatte ich tolle Naturerlebnisse. Wie oft sind wir zusammen baden, Pilze suchen oder angeln gegangen!

Ich habe überhaupt keine Angst vor dem Tod. Ich habe noch nie Angst vor irgendwas gehabt. Weil alles lösbar ist. Als ich die Diagnose mit dem Gehirntumor kriegte, habe ich mich nicht mal aufgeregt. Der wurde ja dann auch wegoperiert. Anschließend kriegte ich Parkinson, das ist jetzt zwölf Jahre her, es ist nicht heilbar. Aber auch da habe ich nicht gesagt, warum gerade ich, sondern: Da hast du Pech gehabt, jetzt musst du damit fertigwerden. Und das werde ich auch. Natürlich wäre es schöner, wenn ich die Krankheit nicht hätte, aber da meine

Frau und mein Sohn mit seiner Familie regelmäßig vorbeikommen und anrufen, geht es. Meine Familie ist für mich alles. Besser als alle Werte, die es gibt. Ein Auto und so was, das sind alles nur Nebensächlichkeiten.

Mathias Holst, 71 Jahre

Ich frage mich oft: Was war das jetzt, dein Leben?

Ich bin ein bissl ein schwerer Charakter, das gebe ich zu. Ich konnte nie etwas gleich »hoi, hoi« machen, sondern ich habe es so lange in mir herumgewälzt, bis es zu spät war, um es zur Blüte zu bringen. Dann sollte es eben nicht sein, so ungefähr lautete die These, die ich hinterher immer hatte. Man muss sich mit den Dingen, die einem gegeben sind, abfinden. Dann kommt man auch ein bissl besser aus jeder Situation heraus.

Es gab die große Liebe in meinem Leben, aber sie ist nie in Erfüllung gegangen. Wie soll ich das sagen, ich war dann eben auch schon ein bisschen älter, der Auserwählte auch, und ich glaube, wir haben uns gut verstanden, aber es kam zu nichts, zu keinem Höhepunkt. Auch dass ich keine Kinder habe. Eigentlich hätte ich gerne welche gehabt, wenn ich das jetzt so bei anderen sehe, aber es sollte nicht sein. Allerdings hatte mein Bruder mehrere Kinder, und das war dann auch schon ganz schön. Freundinnen hatte ich auch nur wenige. Ich wohnte etwas weit weg von der Stadt und konnte mich nicht aufdrängen, das war nicht zu wollen. Meistens lasse ich mich ansprechen, das ist vielleicht auch der Fehler, weswegen es nie zu einer Liebe kam. Ich kann nicht aus mir heraus, das ist nun mal so.

Mit diesen Dingen ist das so, wie wenn ich jetzt in den Spiegel schaue. Dann denke ich, mein Gott, du warst auch schon mal schöner. Aber es nützt nichts. Man muss die aktuellen Verhältnisse akzeptieren, anders geht's nicht. In die Arbeit musste ich mich auch erst reinfinden. Ich hatte kein Abitur, habe in einem Edelstahlwerk gelernt und musste mich dann mit Finanzen rumschlagen. Was ich allerdings gut konnte, war, Streitigkeiten aus der Welt zu schaffen. Deshalb war ich dort auch für die Konfliktkommission zuständig. Ich wollte immer glatt durchs Leben gehen, ohne einen Schweif hinterher. Ehrlich und normal sein, sich gegenüber anderen nicht hässlich verhalten, diese Thesen hatte ich von meinen Eltern übernommen, vorwiegend von meiner Mutter. Aber dass mir das alles gelungen ist, das wäre übertrieben zu sagen. Ich frage mich oft: *Was war das jetzt, dein Leben?* Du hast deine Eltern gut versorgt, und du hast sehr gute Beurteilungen bei der Arbeit bekommen. Dass du deine schöne Wohnung für das Pflegeheim aufgeben musstest, hat dich etwas aus der Fasson gebracht. Aber dann sage ich mir immer: Wenn es eben so sein sollte ... Und ich muss sagen, ich habe es ja nicht schlecht getroffen hier. Ich kann in Gemeinschaft sein und werde versorgt. Nicht mehr das Essen selbst kochen und einkaufen gehen, das ist auch eine große Sache.

Es fällt auf, dass in der Öffentlichkeit im Moment viel vom Tod gesprochen wird. Man sagt, man müsse den Tod jetzt wieder hervorheben, er gehöre zu uns. Das ist ja schrecklich. Es gibt auch Institutionen, mit deren Hilfe man den Tod selbst bestimmen kann. Ich befürworte das nicht, denn der Tod müsste so kommen, wie er vom Schicksal vorgesehen ist. Bei mir kommt er allmählich, das ist schon ganz schön. Man merkt zwar, dies kannst du nicht mehr und jenes ist nicht mehr so in Form, aber das muss man akzeptieren, das nützt alles nichts. Ich hoffe, ich halte noch ein wenig durch, ich gebe mir jedenfalls große Mühe. Vielleicht kommt man nach dem Tod ja wirklich in eine andere Welt, vielleicht aber auch nicht, der eine hat mehr Glück im Leben, der andere weniger, das ist nun einmal so. Bei mir war es vielleicht ein Zwischending.

Margot Weiner, 89 Jahre

Ich werde da oben was zu erzählen haben

Ich habe jetzt mal zurückgeguckt, jeder guckt zurück, wenn er die Diagnose einer unheilbaren Krankheit kriegt, und ich muss sagen, mein ganzes Leben war so etwas von reich, auch wenn man die negativen Aspekte mit einbezieht. Reich an Erlebnissen, an Geschichten, also ich werde da oben was zu erzählen haben, nehme ich mal an.

Es war schon immer mein Streben gewesen, ein glückliches Leben zu führen. Als ich einmal mit Freunden in einer Berliner Kneipe saß, kam eine Wahrsagerin. Jeder sollte sich heimlich einen Wunsch überlegen, und später deutete die Wahrsagerin aus dem Kaffeesatz, ob der Wunsch in Erfüllung gehen würde oder nicht. Mein Wunsch war, immerwährend glücklich zu sein. Um das zu erreichen, habe ich allerdings viele Stationen gebraucht. Aber ich habe es geschafft. Meine ich jedenfalls.

Jahrelang habe ich mit Depressionen zu kämpfen gehabt. Ich finde, dass viele Depressionen hausgemacht sind, ich hatte jedenfalls ein sehr starkes Ego. Anfangs probierte ich, meine Ängste mit einem Leben voll Halligalli, Therapien, Kiffen und mit zwei Selbstmordversuchen in den Griff zu kriegen. Als das nichts half, begann ich mit Egoarbeit. Ich schaute mir die Depressionen genauer an: Was ist denn da, was dich bedrückt. Unerfüllte Wünsche zum Beispiel, ich wollte doch dies und jenes. Durch einen Freund kam ich zur Meditation. Sie hilft, sich gedanklich frei zu machen und dadurch Distanz zu seinen Problemen zu kriegen.

Doch trotz der jahrelangen täglichen Meditationsarbeit hatte ich vor zehn Jahren einen Bandscheibenvorfall. Die Ärztin bestätigte mir, dass meine Bandscheibengeschichte eindeutig psychosomatisch sei und man sie somit auf meine gebrochene Karriere zurückführen könne. Ich war in der Unterhaltungsbranche tätig gewesen, als Produktmanager kümmerte ich mich teilweise um die Veröffentlichungspolitik bei Plattenfirmen oder Musikverlagen. Kurz vor dem Bandscheibenvorfall war meine eigene Firma in Konkurs gegangen. Es kam zur Privatinsolvenz, und ich hatte weder einen Job in Aussicht noch irgendwelche Mittel, mit denen ich den Kredit hätte tilgen können. Zum beruflichen Misserfolg kam ein privater dazu, meine Freundin hatte mich nach zehnjähriger intensivster Liebe verlassen. Übrig blieb nur noch der Stolz auf meinen Sohn. Aber es gelang mir, die Ärmel noch mal hochzukrempeln, die Scherben aufzukehren und meine Insolvenz hinter mich zu bringen.

Allerdings konnte ich danach nicht mehr in meiner Branche Fuß fassen, und so lebte ich in den letzten Jahren von Hartz IV. Ich lebe in Armut, ich bin reich, das ist das, was ich dadurch gemerkt habe. Wie wertvoll Armut tatsächlich ist. Sie hat etwas mit dem Loslassen materieller Werte zu tun, das einen schließlich frei macht. Kris Kristofferson, ein amerikanischer Sänger, hat es ähnlich ausgedrückt: »Freedom is just another word for nothing left to loose.« Freiheit ist nur ein anderes Wort dafür, dass man nichts mehr hat, um loszulassen. Das ist mein Wahlspruch der letzten Zeit, ich habe ihn mir über das Bett gehängt.

In meinen Augen hat mein Darmkrebs eindeutig mit meinem Festhalten zu tun, weil der Darm ein Ausscheidungsorgan ist. Oft hatte ich in Erinnerungen gelebt, manche Sachen konnte ich einfach nicht vergessen. Schlechte Taten, die ich versucht hatte, in gute Taten umzuwandeln. Doch mittlerweile ist es mir gelungen, vorwiegend im Hier und Jetzt zu leben und somit gelassen und glücklich zu sein. Ich kann sogar von Höhepunkten im Hospiz reden. Die Küche wird hier sehr gepflegt. Neulich durfte ich mir von dem Ein-Sterne-Koch meine Lieblingsspeise wünschen. Um Viertel vor zwölf ist er losgezogen, um extra die Zutaten für mein Filetsteak in Rotweinsoße zu kaufen. Ich müsste wegen des Aufwandes kein schlechtes Gewissen haben, meinte er, als ich ihn darauf ansprach. Es sei doch eine meiner letzten Mahlzeiten, wenn nicht jetzt, wann denn dann. Er hatte Recht – wieder ein Beispiel dafür, wie man im Hier und Jetzt lebt.

Kurt Löbel, 60 Jahre, Darmkrebs

Mit dir möchte ich nur noch Erinnerungen wachrufen

Warum kann man als Ehepaar nicht einfach getrennt leben, wenn man alt geworden ist? Friedhelm und ich sind seit vierundfünfzig Jahren verheiratet, haben drei Kinder großgezogen, das heißt, ich habe sie großgezogen und Friedhelm hat uns versorgt. Wir sind gemeinsam durch dick und dünn gegangen. Sind viel verreist, haben was von der Welt gesehen, haben Freunde. Beide hatten wir einen erfüllenden Beruf als Lehrer. Das Geld hat immer gereicht. Wir hatten ein gutes Leben, ich mag mich nicht beklagen.

Beklagen tue ich mich nur, weil das jetzt alles kaputtzugehen droht. Wir haben uns zwar immer geschworen, gemeinsam alt zu werden, aber ich muss feststellen, dass das in der Realität eine sehr unschöne Sache ist. Irgendwie habe ich das Gefühl, dass die jetzige Zeit unsere gesamten guten Ehejahre von hinten aufrollt und auslöscht.

Denn es geht nur noch darum, dass ich meinen Mann pflege. Er ist am ganzen Körper krank, ich kann gar nicht aufzählen, was er alles hat. Dass ich inzwischen mindestens so krank bin wie er, das merkt er gar nicht. Hauptsache, ich kümmere mich um ihn. Ute, ich habe Durst. Ute, wo ist die Fernbedienung für den Fernseher? Ute, ich muss zur Toilette. Dann koch ich was, und er sagt, es schmeckt ihm nicht. Dann schmeiße ich das Essen weg, und er ruft: Ute, was hast du zu essen? Ich habe Hunger. So geht das den ganzen Tag. Und nachts, wenn er nicht schlafen kann, natürlich auch. Wo ist da noch Platz, sich am gemeinsamen Altwerden zu freuen? Man mag es ja nicht aussprechen, aber es ist doch wahr: Wenn einer von uns plötzlich gestorben wäre, wären die Erinnerungen für den anderen schöner. Reiner. Unberührt von dieser ätzenden Last der Altenpflege, die alles kaputt macht. Darüber entfremdet man sich doch auch. Das habe ich dem Friedhelm immer wieder gesagt: Lass uns unsere Liebe schonen, lass uns eine Pflegerin oder einen Pfleger ins Haus holen. Und wir beide treffen uns täglich zweimal zu Kaffee und Kuchen. Und erinnern uns dabei an die wunderschönen Zeiten, die wir hatten. Zum Beispiel, als wir zum ersten Mal in Spanien waren, in Sevilla, und uns dort auf der Suche nach der Kathedrale so fürchterlich verlaufen haben. Hätten wir uns nicht verlaufen, hätten wir auch nie Juan kennengelernt, der dann der Patenonkel aller unserer Kinder wurde.

Ja, so stelle ich mir vor, eine Ehe würdevoll zu Ende zu bringen. Aber das willst du ja nicht, du willst ja keine fremden Pfleger im Haus. Du willst, dass ich dich pflege, bis dass der Tod uns scheidet. Und ich schaffe es auch nicht, mich darüber hinwegzusetzen. Nun, vielleicht sterbe ich ja vor dir. Nach dem, was die Ärzte sagen, ist das gar nicht so unwahrscheinlich. Wenn ich bald nicht mehr laufen kann, werde ich es sein, die bis an ihr Ende gepflegt werden muss. Aber keine Sorge, ich möchte nicht, dass du das machst. Mit dir, lieber Friedhelm, möchte ich nur noch Erinnerungen wachrufen. Jeden Tag mindestens eine. Das ist doch eigentlich das Schönste, was man am Ende tun kann. Und übrigens auch das Einzige.

Ute Angermeier, 74 Jahre, Krebs
verstorben im November 201*

Der Gedanke, dass es jetzt so schnell vorbei sein wird, erfüllt mich mit großer Angst

Nein, ich empfinde keinerlei Bitterkeit über mein Leben, denn ich hatte bis jetzt ein sehr schönes Leben. Ich habe es immer vermocht, zufrieden zu sein. Aber ich bin unendlich verbittert über das frühe Ende, das mir jetzt droht. Der Gedanke, dass es jetzt so schnell vorbei sein wird, vielleicht nächste Woche schon, erfüllt mich mit großer Angst. Ich bin vor ein paar Tagen achtundvierzig Jahre alt geworden.

Was habe ich denn falsch gemacht, dass ich jetzt mit diesem Gehirntumor bestraft werde? Wer hat das veranlasst? Gott? Ich war immer ein treuer Ehemann, ein guter Familienvater und habe immer meine Steuern bezahlt. Also: Was soll das? Ich verstehe es nicht. Es trifft immer die Guten, die Unschuldigen. Die, die nicht die Welt verändern – aber sie erhalten.

Ich bin – oder soll ich sagen ich war? – seit fünfzehn Jahren Restaurator in Bayern, spezialisiert auf Kirchenmalerei. Dabei verdient man nicht viel, aber es ist eine verdammt erfüllende Arbeit. Der Pinsel in der Hand, dann im Farbtopf, die behutsame Strichführung, das Tupfen, das Warten, bis alles trocken ist. Die Korrektur. Das Abwägen zwischen nicht-zu-viel und nicht-zu-wenig Farbe. Das erfordert Feingefühl. Und das hat ja schließlich nicht jeder. Deswegen hatte ich auch immer das Gefühl, meinen Platz in der Welt gefunden zu haben. Einen kleinen, aber feinen Unterschied zu machen. Mein Vater hat mich das machen lassen, wonach mir war, hat nie darauf gedrängt, dass ich was studieren soll, solange ich nur zufrieden mit dem sein würde, was ich halt mache. Ich glaube, ob ein Mensch ein zufriedenes oder ein unzufriedenes Leben führt, hat viel damit zu tun, ob er die Erwartungen seiner Eltern erfüllen muss oder ob er von Anfang an er selber sein darf.

Robert Niemüller, 48 Jahre, Gehirntumor
verstorben im Juli 201*

Wir haben zusammengehalten, wenn es drauf ankam

Eigentlich war ich immer gläubig, von Anfang an. Als Kind ging ich auf eine Nonnenschule, wir haben dort fleißig die Bibel gelesen. Jeden Dienstagmorgen war Gottesdienst, und ich habe im regelmäßigen Turnus das Evangelium vorgelesen, manchmal auch die Fürbitten. Nachmittags gab es einen Bibelkreis. Die Teilnahme war freiwillig, ich bin fast immer dort gewesen. Es hat mir Halt gegeben. Dass Frauen in der Kirche nichts zu sagen haben, das hinterfragte ich erst sehr viel später. Ich wurde ja nur zum gefügigen Glauben erzogen, habe mich auch nur für Gott interessiert, nicht für eine Karriere in der Kirche.

Mit Anfang zwanzig wurde ich unehelich schwanger, wir haben dann aber schnell geheiratet, damit es keinen Ärger mit der Familie und mit der Gemeinde gab. Es war irgendwie zu früh, das wussten wir beide, aber es musste halt sein. Ein bisschen peinlich war die Hochzeitsfeier dann schon. Mein Vater hielt eine verklemmte Rede, in der er die Tauglichkeit des Kindsvaters als Ehemann und Vater infrage stellte. Das merkte jeder, der am Tisch saß, ganz deutlich. Und an dieser Tauglichkeit zweifelt mein Vater bis heute. Mein Mann ist Kfz-Mechaniker, wir haben uns auf einem Jahrmarkt kennengelernt, an der Schießbude. Ja, gut schießen könne er vielleicht, höre ich meinen Vater noch immer sagen, dies habe er ja bewiesen – aber für eine Familie sorgen? Es war ein ständiger, oft auch beleidigender Kampf zwischen den beiden. Und ich saß immer zwischen den Stühlen. Alles hat sich an Kleinigkeiten entzündet.

Die Grillabende bei uns, wenn wieder das Fleisch nicht lange genug eingelegt war und Rudi angeblich die Würstchen zu lange auf dem Feuer gelassen hat. Dabei ging es gar nicht um die Würste, es ging darum, dass du ihn nie akzeptieren wolltest, meinen Mann. Ich bedaure, dass ich es nie geschafft habe, dir das ins Gesicht zu sagen. Stattdessen habe ich geschwiegen. Tja, Papa, jetzt werdet ihr bald ohne mich weitermachen müssen. Lass den Rudi doch in Ruhe. Er hat immerhin in jungen Jahren Verantwortung übernommen, sich festgelegt auf mich und unseren Sohn. Er hätte ja auch abhauen können. Ich habe nie verstanden, warum du ihm das nicht angerechnet hast. War dir sein Beruf nicht gut genug? Nur, weil er nicht studiert hat? Oder warst du eifersüchtig, weil er dir deine Tochter weggeheiratet hat? Wir konnten ja nie darüber reden, ohne dass du gleich aufgebraust bist. Irgendwie hast du mir damit das Leben schon schwer gemacht, ich habe mir in unzähligen schlaflosen Nächten den Kopf darüber zerbrochen, und das wird bald nicht mehr sein. Dieses Gefühl erleichtert mich.

Jetzt bete ich dafür, dass ich ohne Schmerzen gehen kann. Das war schon ein Schock, die Diagnose einer unheilbaren, tödlichen Krankheit. Ich bete, dass meine Familie nicht allzu sehr leidet, wenn ich nicht mehr da bin. Dass alles gut wird. Obwohl, in den letzten Jahren habe ich angefangen, mit Gott zu hadern. Ich weiß nicht warum. Über so viele Jahre hat mir die Kirche geholfen, ich habe in der Gemeinde gearbeitet, das war mein Beruf, aber jetzt fühlt es sich irgendwie so an, als könne mir keiner mehr helfen. Nur mein Mann und mein Sohn, die mich pflegen und tragen, bis zum letzten Tag. Wir hatten alles in allem eine gute Zeit. Wir haben zusammengehalten, wenn es drauf ankam. Zum Beispiel, wenn mein Vater wieder an Rudi rumgemäkelt hat. Nur weil er nicht richtig grillen kann.

Wenn du sonst keine Probleme hast, Papa, dann ist ja gut.

Diana Wessling, 64 Jahre, Leukämie
verstorben im Januar 201*

Behalte deine Neugier, dann erweiterst du deinen Horizont

Der Sinn des Lebens ist doch eigentlich, dass man aus dem, was man hat, seinen geistigen Fähigkeiten und Begabungen, etwas Sinnvolles macht. Nicht nur für sich selbst, sondern auch für seine Familie, das nahe Umfeld und, das klingt jetzt ein bisschen agitatorisch, eigentlich für alle Menschen. Dass man dazu beiträgt, die Welt sicherer und besser zu machen. Aber das ist wahrscheinlich ein hoffnungsloses Unternehmen. Wenn man die Gegenwart anguckt, gab es ja kein Jahr ohne Krieg.

Jedenfalls war ich mein Leben lang bestrebt, mein Wissen zu vermehren. Als ich als Junge einmal nach Hause kam, reichte mir meine Mutter einen Zettel und sagte, guck mal, den habe ich in der Standuhr gefunden. Es war ein Zettel von meinem Vater, der zu dem Zeitpunkt schon vierzehn Jahre verstorben war. Auf dem Zettel stand sinngemäß: Lieber Dietrich, du würdest mir eine große Freude bereiten, wenn du dich entschließen könntest, Lehrer zu werden und der Jugend zu zeigen, wo der Weg eigentlich hingeht. Mein Vater hatte mich sozusagen in die Pflicht genommen. Sein Vermächtnis, Lehrer zu werden, habe ich erfüllt, bis an mein Lebensende, bloß dass der Kreis immer ein anderer wurde.

Zuerst war ich Grundschullehrer und erzählte den Schülern etwas über den Sinn und Unsinn des Krieges. Dass sie sich den Krieg nicht als Abenteuerleben vorstellen sollten, wir hätten geschrien vor Angst, als die Stukas über uns flogen. Ich sagte ihnen, lasst euch nicht verführen von Leuten, die behaupten, die Weisheit mit Löffeln gegessen zu haben, und das Recht alleine vertreten. Dann habe ich sechs Jahre ein Fernstudium in Leitungswissenschaft gemacht, auch wieder Wissensvermehrung. Später leitete ich einen Schuhbetrieb und bildete Fachleute an der Betriebsfachschule weiter. 1987 wurde ich in Ehren entlassen und habe mich seither um das Wohlergehen älterer Menschen gekümmert.

Also, ich kann mich eigentlich freuen über das, was ich erreicht habe. Ich habe mein Wissen weitergegeben, habe zumindest wissentlich keinem Menschen Schaden zugefügt, und im Krieg habe ich keinen getötet.

Meine Lebensmaxime war: Junge, lies, behalte deine Neugier, dann erweiterst du deinen Horizont. Das Neugierigsein habe ich von Einstein gelernt. Er hat gesagt: Ich war kein Genie, aber ich war abstrus, also übermäßig neugierig.

Neugierig bin ich darauf, wie sich das mit unserer Welt weiterentwickelt. Was in Europa ja anscheinend gelungen ist, in Europa selbst keine Kriege mehr zu führen, ist eine tolle Sache. Der zentrale Punkt ist natürlich, wie mehr Frieden in die Welt hineinkommt, auch in Afrika und sonst wo, dass die Menschheit insgesamt vernünftiger wird. Nach wie vor gucke ich mir die Nachrichten an, bilde mir mein eigenes Urteil und vergleiche es mit dem, was ich durchschritten habe. In der Weimarer Republik groß geworden, dann kam der Faschismus, anschließend folgte der Versuch eines Sozialismus, und dann kam wieder der Kapitalismus.

Ich glaube nicht, dass diese Form von Kapitalismus eine Überlebenschance hat. Es kann doch nicht der Sinn des Lebens sein, dass die Leute sich zu Tode hetzen und tonnenweise Tabletten schlucken zur Beruhigung und zum Schlafen. Dass immer mehr Frauen zum Chirurgen gehen und sich das Gesicht verjüngen lassen, das ist doch kein Leben. Eine andere Grundidee müsste wieder in die Wirtschaft hineingetragen werden.

Der Gemeinsinn, die Verantwortung, nicht nur an das eigene Konto zu denken, sondern Wohlstand für alle zu schaffen. Unter diesem Slogan ist er ja auch groß geworden, doch jetzt haben wir keinen Wohlstand für alle, jetzt haben wir Wohlstand für eine Säule, und die andere Säule geht davor tief in die Knie, und das ist nicht menschlich, würde ich sagen.

Angst vor dem Tod habe ich nicht. Ich möchte sterben möglichst ohne Schmerzen und mit freundlichem Gesicht. Nach dem Tod kommt, glaube ich, nichts mehr. Dass etwas bleibt, hoffe ich. Bleiben sollte, dass meine Kinder und Enkelkinder gerne an mich denken und sich zu bestimmten Stunden vielleicht noch mal daran erinnern, welche Weisheiten ich ihnen mit auf den Lebensweg gegeben habe, die sie auch befolgt haben. Mein erster Wunsch war, dass alle Abitur machen. Alle haben studiert, einer hat sogar promoviert und ist ein angesehener Diplomingenieur in der Forschung geworden.

Dietrich Meinhold, 90 Jahre

Man muss ja auch mal kämpfen, für dies oder jenes

Als Kind habe ich gerne in alten Bildern und Briefen gekramt. Da kam dann dies und jenes hervor, das fand ich wunderschön. Deswegen dachte ich, dass sich meine beiden Enkel später vielleicht auch freuen würden, wenn sie eine kleine Erinnerung an die Oma hätten.

Der Große ist vierzehn und der Kleine sieben. Sie hören noch, sind anständig und treiben sich nicht herum, also für die heutige Jugend sind es eigentlich gut erziehbare Kinder. Ich hatte eine ganz andere Erziehung und ein ganz anderes Leben. Ich bin ein echtes Kriegskind, im Krieg geboren und groß geworden. Wir haben viele Einstürze gehabt, und einmal wurden wir ausgebombt. Als das Hauptrohr platzte und das Wasser immer mehr anstieg, wäre ich beinahe ertrunken. Trotzdem war der Krieg für mich eigentlich normal, als Kind sieht man das anders. Wir mussten allerdings auch nicht ums Dasein kämpfen und haben während der Flucht Unterstützung durch die Verwandtschaft bekommen.

Auch nach dem Krieg hatten wir Glück, wir mussten keine größeren Schäden mehr erfahren. Aber die, die da waren, haben ja auch gereicht. Zuerst habe ich eine Lehre zur kunstgewerblichen Angestellten gemacht. Damals waren die beruflichen Auswahlmöglichkeiten sehr klein. Am meisten imponierte mir das Material der Lampenschirme, die wir per Hand nach antiker Manier anfertigten. Später habe ich in der Verwaltung eines Krankenhauses für chronisch psychisch Kranke gearbeitet. Das war wunderschön, vor allem wegen der Abwechslung. Machen Sie das mal, sind Sie schon dorthin gegangen, und haben Sie schon diesen Termin rausgegeben und jenen abgesagt? Mit dem Chef bin ich sehr gut ausgekommen.

In der Ehe lief es so wie bei allen, mal rauf, mal runter. Im Ganzen war die Kurve aber eher oben. Wir waren uns in allem einig, auch bei der Erziehung unserer Tochter. Also, wenn ich jetzt so überlege, gab's keine Höhen und Tiefen, es verlief eigentlich alles glatt und normal.

Ich bin stolz, dass ich es bis zu meinen neunundsiebzig Jahren geschafft habe. Halt hat mir das Leben überhaupt gegeben. Man muss ja auch mal kämpfen, für dies oder jenes. Das Größte, wofür ich gekämpft habe, war, dass ich wieder gesund werde. Seit einem Jahr habe ich Lungenkrebs.

Leider kann ich nun nicht mehr für meine Enkel kochen. Wir gehen zu Oma grüne Bohnen essen, haben sie immer gesagt, das ist deren Leibgericht. Ein Eintopf mit Hammelfleisch und Bohnen, wie es sich gehört. Mit auf den Weg geben möchte ich ihnen, dass nicht jeder Tag Sonnenschein ist. Es gibt auch Tage, da klappt es nicht so. Doch auch wenn ich jetzt nicht mehr hier im Hospiz kochen kann, würde ich mir wünschen, dass es so bleibt, wie es jetzt ist. Hier ist es so schön. Ich habe hier meine Ruhe, mein wunderbares Essen, und die Einrichtung für dieses kleine Zimmer ist auch vollkommen ideal. Ich bekomme meine Medikamente, die notwendig sind zum Überleben, und habe zweimal in der Woche Gymnastik. Also, Angst zu sterben habe ich nicht.

Iris Wünsch, 79 Jahre
verstorben im Februar 201*

Ich konnte sie nur nicht so sein lassen, wie sie sind

Meine Frau wirft mir seit Langem vor, dass ich mich nur über andere definieren würde. Dass ich nur zufrieden bin, wenn ich über andere schimpfe. Dass ich mir damit den Blick auf mich selbst verstelle. Und jetzt, wo mein Leben bald vorbei ist, soll ich mich selber noch mal anschauen? Mit mir ins Reine kommen? Das fällt mir schwer. Ich spreche hier eher, damit noch irgendwas von meinen Gedanken übrig bleibt, wenn schon von meinem Körper nichts mehr bleiben wird. Und damit ihr nach meinem Tod nicht allzu viele Sachen über mich sagt, die nicht stimmen.

Zum Beispiel stimmt es nicht, dass ich meine Kinder nicht geliebt habe. Ich konnte sie nur nicht so sein lassen, wie sie sind. Jonas ist schon mit fünfzehn von zu Hause abgehauen, und Jessika kommt seit Langem nicht mehr an Weihnachten nach Hause. Meine Frau gibt mir die Schuld daran. Jonas hat nur einen Immobilienfachwirt gemacht, das ist ja kein richtiges Studium. Und als Immobilienhändler macht er nach meinem Erachten zwielichtige Geschäfte. Das war immer der Stein des Anstoßes zwischen uns. Ja, sicher, er verdient viel Geld, kauft sich Autos, die ich nie hätte bezahlen können, und macht Reisen, die für uns immer unerschwinglich waren. Dann hat er mir immer an den Kopf geworfen: Hör doch auf mit dieser ganzen Bei-uns-war-früher-alles-ganz-anders-Scheiße. Ich habe mich immer gefragt: Wie soll das denn gehen, sich um seine Kinder kümmern, ohne sich einzumischen?

Ja, das macht mich immer noch wütend, auch jetzt, am Ende. Ich will nicht akzeptieren, dass meine Kinder anders sind, als ich es mir vorgestellt habe. Jetzt haben Gudrun und ich so viel Zeit geopfert, so viel geredet, erzogen und Werte vermittelt, viel Geld für eure Ausbildung ausgegeben – und dann wird nichts davon in eurem Leben für mich als Vater sichtbar. Das ist mein größter Schmerz. Sogar unsere Tradition an Weihnachten, gemeinsam einen Tannenbaum im Wald schlagen zu gehen, hast du, Jessika, mit Füßen getreten. Hast uns einen Brief geschrieben, dass es in deiner Wohnung alles geben wird, nur keinen Tannenbaum an Weihnachten.

Sie fragen immerzu nach mir selber, nach meinem Leben. Ich habe das Gefühl, ein äußerst unspektakuläres Leben abgespult zu haben. Es ist nie was Außergewöhnliches passiert, viel Routine. Nichts, was aus jetziger Sicht erwähnenswert wäre. Ich habe auch nie groß über das Leben nachgedacht, denn was soll das schon bringen. Dieses Fass hab ich nie aufgemacht.

Jonas, du hättest mir ja wenigstens mal ein gescheites Auto kaufen können von deinem vielen Geld. Kauf doch deiner Mutter wenigstens eins, wenn es mich nicht mehr gibt, sie hat es verdient. Und ich wünsche mir, dass meine Tochter Jessika mir an Weihnachten einen kleinen Tannenbaum aufs Grab stellt. Vielleicht kannst du dich ja dazu durchringen – ich krieg's doch eh nicht mehr mit. Kann sein, dass ich Vaterliebe falsch verstanden habe in meinem Leben.

Andreas Laibl, 61 Jahre, Bronchialkarzinom
verstorben im Oktober 201*

Verziehen habe ich meinem Vater nie

Als Kind war ich im Turnverein. Da ich auch Kampfrichterin war und wir nach dem Sport noch Sitzungen hatten, wurde es abends manchmal etwas später. Meine Mutter hatte dann öfter Licht gemacht und nach meiner Tür geguckt, ob ich schon da bin. Wenn sie schimpfte, sagte ich, ich rauche nicht, ich trinke nicht, ich gehe nicht aus, der Sport ist meine einzige Freude, den könnt ihr mir wohl lassen. Kaum dass ich in mein Zimmer gegangen war und im Bett lag, wurde die Tür aufgerissen, mein Vater kam rein und schlug mir direkt mit der Faust von oben runter ins Gesicht.

Mein Vater konnte sehr jähzornig werden. Das Geld reichte nicht, die Ehe lief schlecht, und dadurch gab es immer nur Zanken und Hauen. Aber ich hatte den Sport. Wenn irgendwo ein Wettkampf in Leichtathletik war, hat mein Trainer gesagt, da gehst du hin, weil ich meistens erste Plätze hatte. Ich habe viermal die Berliner Meisterschaft in Leichtathletik gewonnen. Kugelstoßen über zehn Meter mit achtzehn Jahren, das war eine Leistung, die nur wenige in meinem Alter erbrachten. Ich habe noch einen Batzen Urkunden hier liegen, meine Siege haben mir sehr viel Selbstbewusstsein gegeben.

Wenn mal ein Bekannter mit einem Blumenstrauß kam und mich abholen wollte, hat meine Mutter die Tür abgeschlossen, nein, du gehst nicht weg. Nun kann es sein, dass sie mich vor Enttäuschungen in der Liebe hüten wollte, aber es wurde ja nie über irgendwas gesprochen. Wenn, dann nur im Bösen.

Ich stand immer zwischen meinen Eltern, zwischen Baum und Borke. Mein Vater konnte sich auch an meiner Mutter vergreifen, und dann habe ich mich als Schutzblock vor sie gestellt. Es war ein Kampf und ein Krampf. Ich habe bis zuletzt zu Hause bei meinen Eltern gewohnt, bis beide gestorben sind. Da war ich sechsundsiebzig Jahre alt.

Ich wäre gerne verheiratet gewesen und hätte gerne Kinder gehabt. Dass es nicht so war, darunter habe ich manchmal schon gelitten. Ich bin öfter mal verliebt gewesen, aber es hat nie gereicht, um nachher zu heiraten. Wie das so vorkommt, waren das meist Gebundene, und da bin ich nicht zwischengegangen. Aber ich hatte den Sport, der zu meinem Beruf wurde. Ich ging zur Sportlehrerausbildung nach Marburg und war dann als Dozentin und Lehrerin am Berufsschulinstitut tätig. Der Sport hat mich nicht nur kräftig und widerstandsfähig gegen Krankheiten gemacht, sondern gab mir eine sinnvolle Aufgabe. Jugendliche zu trainieren, sie von der Straße runterzubringen und sie zu motivieren, es zu etwas bringen zu wollen – im Beruf bin ich aufgegangen. Die Arbeit ist mir auch leichtgefallen, ich konnte immer gut auf andere Leute zugehen.

Es wäre schade gewesen, wenn ich bei meinen zwei Selbstmordversuchen ums Leben gekommen wäre, denn bei mir hat sich das Leben ja erst spät gestaltet. Nach dem letzten Selbstmordversuch habe ich gedacht: Mensch, wie kannst du so einen Irrsinn machen, du lebst ja noch, und du musst dir eben dein Leben selbst organisieren, wenn du nirgends Hilfe hast. Geholfen hat mir mein starker Wille, mein Wille war der Beruf. Damit kann man vieles ausgleichen.

Verziehen habe ich meinem Vater nie, zuletzt haben wir kein Wort miteinander gesprochen. Aber ich habe keine Wut, ich bin stumpf. Die Wut hatte ich unterdrückt, denn hätte ich sie geäußert, wäre meinem Vater die Hand ausgerutscht und er hätte sich wieder noch in anderen Dingen an mir versündigt. Manchmal taucht die Wut in meinen Träumen auf.

Nach dem Tod meiner Mutter habe ich tief durchgeatmet, habe alles abgestreift und bin mit meiner Freundin überallhin gereist. Zwei bis drei Auslandsreisen pro Jahr haben wir gemacht, Tunesien, Kanarische Inseln, Norwegen. Jetzt mache ich jeden Tag einen Atemzug und denke, ich möchte einschlafen. Aus dem einfachen Grund: Ich habe Darmkrebs, und ich weiß nicht, wie lange das noch gehen wird. Angst vor dem Tod habe ich nicht. Ich hatte ein gelebtes Leben, es war das, was ich daraus machen konnte.

Martha Schneider, 96 Jahre, Darmkrebs

Und jetzt fühlt sich mein Leben auch so an, als sei es mit mir über Rot gefahren

Bei den einschneidenden Ereignissen, die im Leben so passieren, weiß man angeblich im Nachhinein, wofür es gut war. Dass alles, ganz gleich was, sich irgendwann für irgendetwas als gut erweist – das sagen sie doch immer alle. Ich habe mich aber oft gefragt, ob das nicht einfach nur ein hilfloser Trostversuch ist.

Was an meinem Schicksal gut gewesen sein soll, das weiß ich jedenfalls bis heute nicht. Verschiedene Psychotherapeuten haben versucht, mir die verschiedensten Erklärungen zu geben für das, was passiert ist. Und sie haben versucht, mir das Positive daran aufzuzeigen – aber im Grunde ist das doch alles ein großer Schwindel.

Meine Frau hat nie Verständnis dafür aufbringen können, dass ich nach meinem Schlaganfall zur Flasche gegriffen habe. Sie hat immer nur den Kopf geschüttelt über so viel Unvernunft. Stimmt ja auch, zu trinken ist unvernünftig. Darüber brauchen wir uns nicht zu streiten. Aber was weiß sie denn schon, wie unerträglich es sonst gewesen wäre, das Leben, in diesem einseitig gelähmten Körper. Ich musste mit meiner Arbeit als Rettungsfahrer aufhören, ich konnte nicht mehr raus, ich habe viele Freunde verloren, ich bin frühverrentet, ich wurde mitten im Leben zum Pflegefall. Es ist fast ironisch, dass ich als Rettungsfahrer hier in Stuttgart viele Leute davor bewahrt habe, zu einem Pflegefall zu werden. Weil ich sie rechtzeitig in die Notaufnahme gebracht habe. Manchmal über dreißig Kilometer über die Autobahn gebrettert, über Rot gefahren, full speed.

Und jetzt fühlt sich mein Leben auch so an, als sei es mit mir über Rot gefahren. Wir haben zwei Kinder, einen Sohn und eine Tochter. Birgit behauptet bis heute, ich hätte mich nicht nur betrunken, sondern auch unsere Tochter geschlagen. Mit einem Küchenbrett auf den Hintern. Irgendwann sind die beiden kurzerhand abgehauen, und ich saß alleine da. Unser Sohn wohnt schon allein. Wofür soll das alles bitte schön gut gewesen sein?

Jetzt habe ich auch noch Krebs, und die Ärzte geben mir nicht mehr lange. Gut, wenn Sie mich nach einer schönen Zeit in meinem Leben fragen, dann fällt mir meine Kindheit ein. Die war leicht und frei. Meine Eltern profitierten vom Wirtschaftswunder nach dem Krieg, mein Vater gründete eine Flaschnerei in Ostwestfalen, meinem Bruder und mir ging es gut. Wir hatten viele Freiheiten, es war noch nicht die Zeit der Überbetreuung durch die Eltern. Wir wurden morgens nicht gefragt, ob es die Erdbeer- oder Himbeermarmelade auf dem Frühstücksbrötchen sein darf, niemand half uns in die Jacke, und es hat auch keiner Ambitionen in uns erzwungen, die nicht aus uns selbst heraus gekommen wären. Mit sechzehn sind wir mit dem Motorrad über die Äcker des Bauern gerattert und hatten eine coole Braut hintendrauf. Das war ein tolles Gefühl. Im Rückblick muss ich feststellen: Nie wieder habe ich mich so frei gefühlt. Die letzte Braut hintendrauf war Birgit. Die mochte ich am besten, weil sie so geländegängig war. Ich würde sie immer wieder zur Frau nehmen.

Schade, dass alles so gekommen ist. Ich liebe dich trotz allem, Birgit. Verzeih mir bitte. Man wird eben schwach, wenn das Schicksal zuschlägt. Manche schaffen es, damit umzugehen, manche nicht. Wenigstens habe ich dich nie betrogen. Das ist doch auch was, oder?

Michael Sagnitz, 54 Jahre, Knochenkrebs
verstorben im Juni 201*

Es können ja nicht alle Menschen unsterblich sein, das wäre ein Gewimmel auf der Welt

Jeden Tag hat mein Mann gefragt, sag mal, hast du unsere Tochter schon angerufen? Ja, ich habe Kristin schon angerufen, aber ich kann sie auch noch mal anrufen. Wir telefonieren jeden Tag. Es sind nie endlose Gespräche, so ist es nicht, wir fragen nur, ob alles in Ordnung ist oder ob es was Neues gibt. So ist man verbunden. Und das brauche ich eigentlich auch. Ich habe eine ganz liebe Tochter, einen wunderbaren Schwiegersohn, drei Enkelkinder und drei Urenkel. Bei uns war es immer so, dass wir uns gegenseitig gekümmert haben und auch immer geholfen haben, wenn Not am Mann war. Ich finde, eine heile Familie ist das Beste, was man haben kann.

Glück ist sehr schön, aber Zufriedenheit ist viel mehr. Glück ist bloß ein Moment, eine kurze Zeit, die man glücklich ist. Aber man muss zufrieden sein, das ist viel anhaltender, finde ich. Und ich bin zufrieden mit meinem Leben. Ich war dreiundsechzig Jahre verheiratet. Das ist eine ganz schön lange Zeit, und es war auch eine sehr schöne Zeit. Deshalb war das Schlimmste in meinem Leben, als mein Mann gestorben ist. Das war noch schlimmer als die Bombenangriffe auf Berlin, die waren zwar furchtbar, aber der Tod meines Mannes war viel persönlicher. Er ist ganz plötzlich Anfang des Jahres verstorben, mit neunzig Jahren, er war nie krank gewesen.

Wie oft sage ich zu meiner Tochter, hach, wäre das schön, wenn Anton oder dein Vater noch da wäre. Er fehlt mir sehr, in vielen Dingen. Vor allem im Gespräch. Wir haben uns viel unterhalten, über dies und jenes, über alles, was so war. Ich musste ihn zwar meistens dafür so ein bisschen anstoßen, aber das ist halt bei Männern so. Wenn irgendwas war, habe ich mir Rat geholt. Er wusste so viel, er hatte ein ganz großes, wunderbares Allgemeinwissen, und da konnte man immer fragen. Aber nicht nur mein Mann fehlt mir, dass ich jetzt hier im Pflegeheim bin, keine Wohnung mehr habe, keine Küche mehr habe … Das fehlt mir auch, ich habe gerne gekocht. Aber ich habe mich jetzt da reingefunden. Was soll's, ich kann es nicht mehr ändern.

Man muss sich auch nicht einbilden, dass man einen Menschen ändern kann. Man muss Rücksicht aufeinander nehmen und vor allen Dingen: Man muss tolerant sein, das ist ganz wichtig. Und daran denken, den Partner so lieb zu haben wie am Anfang. Mitunter sehe ich im Fernsehen, wie Eheleute sich gegenseitig ankeifen, das finde ich furchtbar, so etwas gab es bei mir nicht. Ich habe zwar auch manchmal geschimpft und gesagt, Himmeldonnerwetter, das ist ja furchtbar, aber so furchtbar war das alles nicht. Zum Beispiel wenn mein Mann manchmal angetütert nach Hause kam, weil er bei seinen Mandanten Schnaps und Bier getrunken hatte. Aber das hing mit seinem Beruf zusammen, als Steuerberater konnte er nicht sagen, nein, ich will das nicht, dann wären die Mandanten beleidigt gewesen. Also, das war etwas, das nicht nach meinem Geschmack war, aber ich habe meinem Mann deswegen keine Vorwürfe gemacht, wir sind trotzdem gut zurechtgekommen.

Meine Tochter führt auch eine gute Ehe. Wenn es im Elternhaus glatt und liebevoll läuft, versucht man das auch selbst in die Ehe zu bringen, glaube ich. Wir sind eigentlich, um das ein bisschen übertrieben zu sagen, eine Musterfamilie.

Abends, wenn ich schlafen gehe, sage ich oft: Lieber Gott, vergiss nicht, die Flügel deiner Schutzengel über mich, meine Kinder, Enkel und Urenkel auszubreiten, und mach die ganze Welt friedlicher. Kein richtiges Gebet eigentlich, aber ein bisschen gläubig bin ich doch. Ich glaube jedenfalls, dass es irgendwas da oben gibt. Aber nach dem Tod kommt meiner Meinung nach nichts mehr, dann ist alles zu Ende. Es ist vielleicht tröstlich, wenn man anders denkt, aber ich denke, dass es dann aus ist.

Angst vor dem Tod habe ich nicht. Der Tod ist das Natürlichste von der Welt, er gehört zum Leben. Es können ja nicht alle Menschen unsterblich sein, das wäre ein Gewimmel auf der Welt. Aber ich finde es auch nicht so furchtbar schlimm, dass man sterben muss. Ganz schlimm finde ich, wenn Kinder vor ihren Eltern sterben müssen, das muss ganz, ganz furchtbar sein.

Eva Strasser, 85 Jahre

Et kütt wie et kütt

Ich war schon immer Single. Das habe ich mir nicht zwingend so gewünscht oder so vorgestellt für mein Leben. Aber es hat sich so ergeben. So, wie sich halt vieles, man könnte fast sagen alles im Leben ergibt. Et kütt wie et kütt, sagt der Rheinländer dazu. Dabei hatte ich schon immer eine gewisse Sehnsucht nach Nähe zu jemandem. So ist es ja nicht. Aber immer dann, wenn es mit einem Flirt richtig weitergehen sollte, kam eine Annäherung nicht wirklich zustande. Ich habe dann kurz vor dem Abendessen, zu dem sie mich einlud, abgesagt oder habe einfach Verabredungen nicht mehr zustande kommen lassen. Kurzfristig war das eine Erleichterung, im Rückblick allerdings schon traurig. Ich hätte so gerne die Liebe richtig erfahren. Liebe ist für mich Nähe, innere und äußere. Die innere Nähe kehrt sich durch guten Sex nach außen. Ja, das habe ich mir immer gewünscht. Und sicher gab es auch Gelegenheiten dazu. Das kann ich allerdings erst jetzt so sehen, wo es vorbei zu sein scheint mit mir. Bis ich krank wurde, habe ich mir nämlich immer eingeredet, dass ich noch nicht die richtige Frau getroffen habe. Dass es nicht hat sollen sein mit ihr, weil wir nicht zueinander passen und so weiter. Ich habe mich dann einfach nicht mehr gemeldet. Oder mich schön unverfänglich verhalten, also E-Mails geschrieben, dass ich sie so gerne bald wiedersehen würde und sie so sehr mag. Dazu ist es dann aber nicht gekommen oder nur in großen zeitlichen Abständen. So groß, dass gar keine Nähe entstehen konnte.

Jetzt, da ich nicht mehr lange leben werde, bedaure ich das. Ich hätte mir meine Ängste bewusst machen sollen. Denn nur so kann man es ja überwinden, das, was man Bindungsangst nennt. Wahrscheinlich habe ich auch die eine oder andere Frau verletzt, indem ich sie nie so richtig an mich habe herankommen lassen. Feige muss ich rübergekommen sein. Dann möchte ich mich bei euch allen hiermit entschuldigen. Wahrscheinlich bringt euch das jetzt auch nichts, aber irgendwie möchte ich es noch loswerden, bevor es zu spät ist.

Beruflich kam mir diese selbst gewählte Einsamkeit zugute. Ich war Archivar an einer Universität. Da hat man eh keine Zeit für viele soziale Kontakte, es gibt auch nicht so viele Besprechungen, in denen um den kleinsten gemeinsamen Nenner gerungen werden muss. Als Archivar konnte ich immer schön vor mich hinarbeiten, ich wusste, was wie getan werden musste. Anregungen habe ich mir immer aus den Büchern geholt. Und auf Heimtiermessen bin ich gerne gegangen, das war meine heimliche Leidenschaft. Dafür bin ich sogar in verschiedene Städte gefahren, Hannover, Hamburg, Köln. Vor allem die Hallen mit den Katzen mochte ich. Da habe ich mir stundenlang einen Käfig neben dem anderen angesehen. Und habe mir immer vorgestellt, wie es wäre, wenn ich eine ganze Katzenfamilie zu Hause hätte. Wie sie mich begrüßen würde, wenn ich von der Arbeit nach Hause komme. Tja, ich hätte mir ja eine Katze kaufen können. Oder gleich mehrere. Aber das habe ich mich genauso wenig getraut, wie die Nähe einer Frau zuzulassen. Schade. Selbst jetzt, wo ich doch nichts mehr zu verlieren habe, würde ich es mich nicht trauen. Wovor genau hast du denn eigentlich Angst? Das frage ich mich jetzt, hier, sterbenskrank und pflegebedürftig. Jetzt fasst mich keine Frau mehr begehrend an, nur noch pflegend und mitleidig.

Trotzdem war alles okay so, wie es war. Was soll ich auch anderes sagen. Der Mensch ist eben so: Wenn es einigermaßen geht, warum sollte man dann den unbequemen Weg gehen und seine Angst überwinden? Es gibt doch keinen wirklich wichtigen Grund. Vielleicht lerne ich die echte Liebe im Jenseits kennen. Es ist nicht ausgeschlossen. Vielleicht tue ich mich dort leichter mit der Nähe. Wer weiß.

Jens Kramer, 61 Jahre, Blasenkrebs
verstorben im August 201*

Mach dir nichts draus, du kannst es sowieso nicht ändern

Eine Aufgabe im Leben gibt es nicht. Wer sollte sie einem geben? Man wird geboren, kommt ins Leben, und das spielt dann irgendwie mit einem. Bei dem einen geht's so aus, bei den meisten geht's so aus, und mein Leben ist eben anders gewesen. Ich habe ein Knie weniger als übliche Leute. Mein linkes Knie wurde mir 1950 wegen einer Knochenmarksvereiterung genommen, ein Weihnachtsgeschenk, als ich elf Jahre alt war. Seitdem renne ich mit dem steifen Bein rum. Dass mein Leben durch die Behinderung anders lief, steht in den vielen Aktenordnern hier. In dem einen Ordner ist mein Kampf um meine Fahrerlaubnis abgelegt, in dem anderen die Geschichte mit meiner Entmündigung und in dem dritten die Klage zur Wiedererlangung meines Eigentums.

Mit dem steifen Bein hatte ich für meine damalige Frau und Mutter meiner drei Söhne, alle in Leipzig ansässig, geackert wie ein Blöder und 1979 ein Haus gebaut. Denn da ich nur ein popeliger Betriebswirt war und kein Professor, war für uns keine größere Wohnung vorgesehen gewesen. Aber dank des von Herrn Ulbricht beschlossenen Wohnungsbauprogramms konnte ich mit viel Kraft, Elan und Geld vom Staat selbst ein Haus bauen. Ich gab mir große Mühe, das Haus und den Garten sauber fertigzukriegen, damit irgendwann mal meine Enkel auf dem schönen großen Rasen herumtoben können. Na schön, vier Enkel habe ich, die vierte Enkelin habe ich noch nie gesehen, zu meinen Söhnen habe ich keinen Kontakt mehr.

Vor sieben Jahren war ich in Not, weil ich neben der Überlastung des mehr leistenden rechten Beines den grauen Star auf beiden Augen kriegte. Mein Auto verkaufte ich, dann kam die Trinkerei, und schließlich wurde ich ins Pflegeheim eingeliefert. Da ich die monatlichen Heimkosten, Pflegestufe III, mit meiner Rente nicht zur Gänze zahlen konnte, wurden meine Söhne befragt, ob sie bereit seien, die fehlenden dreihundert Euro zu übernehmen. Doch die haben sich sofort bestätigen lassen, sie könnten ganz und gar nicht. Der eine Sohn hatte mit dem Hausbau zu tun, der andere mit dem Hauskauf, und das Einkommen von Sohn Nummer zwei floss ausschließlich in den Unterhalt für seine Töchter.

Die Enttäuschung war, dass ich meinen Gedanken nicht weitergeführt kriege. Den Gedanken, dass, wenn ich in Schwierigkeiten komme, meine Söhne dafür einstehen würden. Stattdessen haben sie erreicht, dass mein Haus verkauft werden musste. Und das ging nur, indem sie mich für unzurechnungsfähig erklären ließen, damit sie dann über mich bestimmen konnten. Um zu begründen, dass ich ein unzuverlässiger, schlechter Mensch sei, hat der älteste Sohn, das ist der große »Schriftsteller«, Fotografien eingereicht von meinem »vernachlässigten« Haus. Durch meine Trinkerei und Raucherei sei dort alles versifft. Als ich dann selber nicht mehr so ganz zurechnungsfähig war, hat mein Sohn Nummer drei, vermutlich unter dem Einfluss seiner Frau, mit einem Schreiben eine »Betreuung« erwirkt. Doch die habe ich nun zurückgeklagt und, leider erfolglos, versucht, mein Eigentum, das aus meinem Haus rausgeschmissen wurde, zurückzuerhalten.

Warum sich meine Söhne so verhalten haben, weiß ich nicht. Wut habe ich keine, ich bin ja an Kummer gewöhnt. Ich bin mit einer Behinderung groß geworden und habe es von Anfang an gelernt, mich nie über Hemmnisse aufzuregen. Mach dir nichts draus, du kannst es sowieso nicht ändern. Ich musste einfach nur vorankommen. Dabei hilft es zu reden, viel zu reden mit Leuten. Irgendwann fällt etwas ab an einer Ecke, an der man es überhaupt nicht vermutet. Man kriegt zum Beispiel Adressen von Leuten, die einem weiterhelfen können.

Angst vor dem Tod habe ich nicht. Ich hätte sogar nichts dagegen, wenn morgen Schluss wäre, ich finde keinen Sinn. Vor dem Schluss habe ich aber noch ein Problem. Ich muss das Kunststück vollbringen, dass ich nichts an meine Söhne vererbe. Im Moment ist nämlich noch Geld da, und auch noch ein bisschen Klumpatsch. Aber das Nichtvererben ist juristisch nicht ganz so einfach. Dafür werde ich wohl auch wieder einen neuen Aktenordner anlegen müssen.

Gottfried Walther, 73 Jahre

Ich musste immer wieder von vorne anfangen

Der besondere Glücksmoment in meinem Leben war, als ich meinen dritten Mann kennenlernte. Ich hatte ja nicht nach etwas gesucht, das war Zufall oder Schicksal, was weiß ich. Ich sammelte Steine und war mit meinem Verein auf einer Exkursion in Koblenz. Ein Mann fragte, ob er sich neben mich setzen dürfe, und dann kamen wir ins Gespräch. Er sagte, er sei Chemiker. Da ich mal Metallografie studiert hatte, kannte ich mich ein wenig auf dem Gebiet aus und stellte eine Fachfrage. Da war er ganz erstaunt, und so kamen wir noch mehr ins Gespräch und fanden uns beide sympathisch. Wir entdeckten, dass wir dieselben Interessen und Vorlieben hatten, also das war Wahnsinn. Am nächsten Tag trafen wir wieder per Zufall aufeinander. Und dann haben wir uns verabredet, dass wir uns schreiben und Steine austauschen könnten.

Na ja, und dann ist daraus mehr geworden, den habe ich geheiratet, das war der Beste von den dreien. Der hat mich so verwöhnt. Wenn wir uns getroffen haben, hatte er im Auto immer Blumen auf meinem Sitz gehabt. Oder wenn wir mal im Hotel übernachtet haben, hat er immer ein Geschenk auf meinen Bettschrank gelegt, ein Buch oder irgend so was Hübsches, ein Schmuckstück. So etwas kannte ich ja gar nicht von den anderen. Wir hatten auch ein Haus, aber schuldenfrei, und da konnte ich mich so richtig entfalten. Ich konnte alles machen, was ich vorher nicht tun konnte. Bilder malen, basteln, ich musste nicht mehr arbeiten, aber da war ich ja auch schon sechzig.

Mein Leben war recht kunterbunt. Ich musste immer wieder von vorne anfangen, und es hat lange gedauert, bis es schön wurde. Was ich bereue, ist, dass ich damals so doof war, auf meinen ersten Mann reinzufallen. Das hat mich viel Lebenszeit und viele Nerven gekostet. Nachdem wir ein Paar waren, hatte er eine Freundin. Als mit den beiden Schluss war, hat er sich mir wieder zugewandt, und ich Dämliche fall drauf rein. Ich hätte dabei bleiben sollen, nichts mehr mit ihm zu tun haben zu wollen. Aber nach dem Krieg gab es kaum Männer. Und die, die da waren, waren umworben. Außerdem war damals Hungerszeit, und bei seinen Eltern kriegte ich etwas zu essen. Und bei ihnen war es warm, wir konnten ja nicht heizen, das waren schlimme Zeiten. Aber trotzdem hätte ich hart sein müssen, ich war ja auch schon drüber hinweg gewesen. Stattdessen ist das erste Baby entstanden, als so eine Art Versöhnung. Es folgten noch zwei Kinder. Nach kurzer Zeit war ich ihm zu dick, aber ich bin halt so, und er musste etwas anderes haben. Als unsere Gärtnerei, die wir zusammen aufgebaut hatten, ein bisschen Geld abwarf, hat er immer nach anderen geguckt. Das war auch erst nicht so schlimm, bis er zuletzt eine kennenlernte, die aus dem Fach war. Da habe ich gemerkt, dass er was Festes will, und habe mich scheiden lassen, da waren wir dreizehn Jahre verheiratet. Er hat mir immer vorgeworfen, ich sei schuld, dass er mich heiraten musste, das ist ja nicht sehr erfreulich. Einmal hatte ich mich sogar so über eine Boshaftigkeit von ihm geärgert, dass ich drauf und dran war, mir das Leben zu nehmen. Mit E605, einem Pflanzenschutzmittel, das wir in unserer Gärtnerei hatten. Aber dann habe ich mir überlegt, dann hat er ja seinen Willen, du bist weg, und er freut sich. Und da habe ich es doch gelassen. Ich habe später gemerkt, dass, wenn man mit jemandem im Streit ist und sich zusätzlich in Hass steigert, man sich damit nur selbst schadet. Es ist besser, abzuschließen und nicht nachtragend zu sein.

Zwei Jahre nach der Scheidung lernte ich meinen zweiten Mann kennen. Aber das war eigentlich nur wie eine Geschwisterehe. Nach zwei Jahren sagte er, Sex sei eine Schweinerei. Da war ich erst vierzig, das war ja dann auch kein Leben.

Mit meinem dritten Mann hatte ich immer Themen zum Unterhalten, so ein Schweigen gab's da nicht, wie es in manchen Ehen der Fall ist. Er hat mir auch viel beigebracht. Der schlimmste Moment meines Lebens war daher, als herauskam, dass er Alzheimer hatte. Ich wusste ja dann, das mit unseren Plänen wird nichts mehr. Wir hatten so viel vor, unser ganzer Schuppen war voller Steine, die wir gesammelt hatten, die wollten wir uns alle im Alter angucken und sortieren. Jetzt habe ich nur noch einen kleinen Rest davon, die andern habe ich alle weggegeben. Leider ist er im vorigen Jahr gestorben, achtundzwanzig Jahre war ich mit ihm zusammen. Das war die schönste Zeit.

Vor dem Sterben habe ich keine Angst, ich weiß ja, dass es weitergeht. Früher war ich eher halb gläubig, aber nachdem meine Eltern gestorben sind, habe ich eigentlich stärker geglaubt.

Elfriede Jahn, 86 Jahre

Es ist gut im Leben, wenn man es hinkriegt, auf sich selbst zu hören

Ich habe einen großen Traum gehabt in meinem Leben. Lange schon, viele Jahre. Ich wollte immer mal nach New York reisen. Aber immer wieder ist die Reise an verschiedenen Äußerlichkeiten gescheitert, die Partnerin wollte zum Beispiel nicht mitkommen, und eine Zeit lang wollte ich nicht alleine reisen. Irgendwann habe ich dann mal gesagt, so, das muss ich jetzt noch machen, bevor ich fünfzig werde. Und dann bin ich drei Wochen lang alleine mit dem Fahrrad durch Manhattan gefahren. Besonders schön war, dass ich dort meinem ganz eigenen Rhythmus folgen konnte und einfach jeden Schritt so machen konnte, wie ich wollte. Nichts war vorgeplant, alles entstand aus dem Moment heraus. Ich las in der Zeitung, dass Vanessa Redgrave am Broadway spielte und besorgte mir eine Karte.

Als ich die Diagnose mit dem Krebs kriegte, habe ich gleich gedacht, Mann, gut, dass du die New-York-Reise gemacht hast. Es ist gut im Leben, wenn man es hinkriegt, auf sich selbst zu hören. Ich bereue, dass ich manchmal zu ängstlich dazu war und mich festgehalten habe an Sicherheiten, die auch trügerisch sind. Oft habe ich mich nicht getraut, den Job zu wechseln, auch wenn klar war, dass er nicht mehr wirklich gut war. Weil ich Ängste hatte und dachte, was passiert, wenn ich nichts anderes finde, dann muss ich nach einem Jahr Hartz IV beantragen und meine Rente wird noch geringer. Ich war viele Jahre als Sozialarbeiterin tätig, in einem Frauenhaus für misshandelte Frauen, und später beriet ich am Notruftelefon

Frauen, die vergewaltigt worden waren. Das hat mir einerseits Freude gemacht, aber andererseits war es auch ein ganz schöner Kampf. Um Anerkennung, um Gelder, und mit der Zeit ist alles immer anstrengender geworden.

Ähnliches gilt vielleicht auch für eine Beziehung, die ich länger aufrechterhalten habe, als es Sinn gemacht hat. Wo vielleicht auch eine innere Stimme gesagt hat, das stimmt hier nicht mehr so wirklich, aber dann war die Angst doch so groß, alleine zu sein. Und das ist im Nachhinein vielleicht auch kostbare Zeit gewesen, die ich nicht so genutzt habe.

Na ja, im Moment sieht es ja nicht danach aus, als müsste ich mir um so etwas wie Rente noch Gedanken machen. Jetzt stehen ganz andere Sachen im Vordergrund. Begegnungen mit Menschen, Momente. Ich glaube, dass es auch eine Chance ist, krank zu sein. Man kann dann Dinge sehen, die man vorher nicht gesehen hat, oder Dinge tun, die man vorher nicht getan hat. Dass Menschen mich nun anders wahrnehmen, weil ich nicht mehr die Große, Starke, Sonstwas bin, sondern auch noch eine andere Seite an mir sichtbar wird. Aber auch, dass man hergeht und Leuten sagt, wie lieb man sie hat. Offener mit den eigenen Gefühlen zu sein oder auch mit jemandem zusammen zu weinen und miteinander da zu sein. Etwas, das man sonst nicht so tut, wo wir dann doch alle irgendwie mit Funktionieren zu tun haben und jeder seinen Pflichten nachrennt. Manchmal fehlt dann der Raum dafür. Doch im Moment entsteht ganz viel an Begegnung, und oft liegen eine große Freude und eine große Trauer dicht beieinander.

Oder auch dass ich jetzt dank einer Pumpe wieder genießen kann zu essen. Das ist ein Riesengeschenk, ganz normal essen zu können. Denn es gab eine Zeit, wo ich kaum etwas runtergekriegt habe und dauernd spucken musste. Aber jetzt erlebe ich Essen als etwas ganz Besonderes, als etwas, das sich lohnt zu zelebrieren oder zu genießen. Und wenn es nur eine Scheibe Brot ist, so etwas kann schnell verloren gehen.

Ich habe jedenfalls viel das Gefühl, im Hier und Jetzt zu sein. Und dann taucht wieder die Frage auf, habe ich den Willen, wieder gesund zu werden, habe ich die Kraft dazu, gibt es diesen Weg noch oder gibt es den nicht? An meinem Geburtstag neulich waren zwanzig Menschen hier im Hospiz, die mir ganz wichtig sind. Mein Vater hat gesagt, dass diese Menschen besondere Menschen seien, weil ich auch ein besonderer Mensch bin. Meine Nichte und mein Neffe, die ich sehr liebe, haben auf dem Klavier etwas vorgespielt, das haben sie total schön gemacht. Ich würde gerne wissen, was aus den beiden wird. Ich hoffe sehr, dass sie meine Liebe gespürt haben und dass sie Spuren hinterlässt, auch bei anderen Menschen. Sie sollen sich oft im Leben etwas trauen, vor allem sich selbst.

Andrea Feiertag, 52 Jahre
verstorben im Mai 201*

Ich wollte nie im Herbst oder Winter sterben

Manchmal denke ich, was mache ich eigentlich hier im Hospiz? Das ist kein Kuraufenthalt, und ich bin auch nicht im Krankenhaus. Ich weiß wohl, warum ich hier bin, aber ich will es noch nicht ganz wahrhaben. Dieses ständige Abschiednehmen, von allem immer Abschied nehmen. Als ich aus meiner Wohnung rausgegangen bin und mir bewusst gemacht habe, das war's für immer, bin ich fast wahnsinnig geworden. Zu wissen, dass man nie mehr in einem Kaufhaus sein kann, nie mehr einen Restaurantbesuch machen wird, Dinge, die man geliebt hat, nie mehr sehen wird, ist sehr schwer. Vieles ist so endgültig, manches noch nicht. Wenn meine Kinder und Enkel nach einem Besuch bei mir wieder nach Hause fahren, weiß ich ja, dass sie wiederkommen. Trotzdem ist alles, was mit diesem letzten Lebensabschnitt in Verbindung steht, irgendwie mit Abschied verbunden. Und das setzt mir sehr zu.

Dann kommt noch die Jahreszeit hinzu. Ich wollte nie im Herbst oder Winter sterben. Immer im Frühling, wenn's hell ist und grün. Vielleicht schaffe ich es ja, ich weiß es nicht, das weiß niemand. Aber jetzt dieses Graue, die Nässe, das Dunkle, das reißt mich alles noch mehr runter. Wenn in der Natur gerade gestorben wird und den Blättern die Kräfte entnommen werden, dann mit dem Vorteil, dass die Bäume und Pflanzen die Kraft brauchen, um wiederzukommen. Doch wenn meine Kräfte schwinden, frage ich mich, wo und wann komme ich wieder?

Ich möchte nicht als Ameise, Fliege oder Tier, das geschlachtet wird, wiederkommen. Das hätte dann wieder so etwas Endgültiges. Und das Wieder-gehen-Müssen möchte ich nicht mehrfach erleben, glaube ich. Ich könnte mir eher vorstellen, in der Gestalt des Engels, der auf meinem Bettschrank steht, wiederzukommen. Zunächst erhoffe ich mir, dass er mich schützt, auf- und mitnimmt, wenn ich gehe. Auf diese Weise hätte er später gewisse Teile von mir, Denkweisen und auch Gefühle. Und dieser Engel beobachtet dann vielleicht manches und darf an bestimmten Dingen teilhaben. Er kann Schönheiten der Natur erleben, mit nackten Füßen im Wasser am Strand sitzen und den Wellengang verfolgen. Diese Dinge würde ich mir rauspicken, Angenehmes, was mir im Leben Spaß gemacht hat. Meine drei Töchter und ich haben eigentlich immer Urlaube am Meer verbracht. In Dänemark, Schleswig-Holstein oder auf Rügen. Ach, alles ist so wunderschön dort. Ich liebe das Offene und Weite. Das sind Sachen, von denen ich mich nicht endgültig verabschieden möchte und die ich auch wieder erleben möchte.

Außerdem könnte ich vielleicht in der Gestalt des Engels ein paar Fähigkeiten behalten, die anderen und mir guttun. Ich hatte immer schon versucht, meine Flügel über meine Kinder auszubreiten und aufzupassen, dass ihnen nichts Böses geschieht. Als meine älteste Tochter vier Jahre alt war, hat sie innerhalb kürzester Zeit alle Haare verloren und hat auch nie wieder welche bekommen. Sie war so sehr dem Schutz ausgeliefert, jahrelang musste sie eine schwere Zeit durchmachen. Doch durch die Stärkung ihres Umfelds ist sie später genau so geworden, wie ich es mir erhofft hatte. Sie ist ein ganz tougher, mutiger Mensch geworden, hat einen Beruf erwählt, in dem sie mit Menschen zu tun hat, und vier Kinder in die Welt gesetzt. Für ihre Stärkung habe ich jahrelang gekämpft. Einfach nur mit Liebe und Vertrauen.

Dieses Zusammensein früher mit den Kindern, als sie noch klein waren, gehört zu der besten Zeit meines Lebens. Was haben wir gelacht und versucht, das Leben auch komisch zu nehmen! Wir haben so viel Spaß gehabt, das hat so viel Dunkles überdeckt.

Alles andere, was wehtat, will ich nicht mehr erleben müssen. Im Moment versuche ich auch, die Erinnerung daran zu verdrängen, sie tut mir nicht gut.

Wenn ich schon nicht aussuchen kann, wann und wodurch ich sterbe, dann möchte ich wenigstens noch zum Teil mitbestimmen dürfen, wie ich den Weg gehen will, ohne anderen allzu sehr zur Last zu fallen. Deshalb hatte ich auch von mir aus den Entschluss gefasst, ins Hospiz zu gehen. Ich hätte nicht zu Hause sitzen und sagen können, seht mal zu, was ihr jetzt mit mir macht. Es war mir auch wichtig, die Patientenverfügung zu geben. So hat alles seine Ordnung, ohne dass die anderen sich den Kopf darüber zerbrechen müssen.

Jeder dieser Schritte macht den Abschied ein bisschen leichter, man wird wenigstens einen Teil davon los, der einen beschwert. Denn wenn man sich nicht mit dem Tod auseinandersetzen würde, träfe er einen umso härter, glaube ich. Und ich war schon immer für Offenheit und Klarheit, und das, denke ich, zieht sich bei mir noch bis zum Schluss durch.

Helga Schlück, 62 Jahre, Brustkrebs

Ich konnte jedenfalls immer lachen

Gerade als ich meine Lehre zum Tierpfleger in Kummersdorf angefangen hatte, wurde ich schwanger. Dann wurde daraus nichts mehr. Ich war damals noch nicht volljährig, wohnte im Mädchenheim, der Vater im Jungsheim. Mein Kind haben sie mir weggenommen, weil das Heim so überfüllt war. Irgendwann traf ich den Vater vor der Tür, und er sagte zu mir: Wenn du unser Kind wiederhast, kannst du dich ja mal bei mir melden. Ich wusste nie, wo er war, er war immer weg. Trotzdem hat er sich bereit erklärt zu heiraten. Wir hätten sozialistisch heiraten können, das heißt, dass sein Betrieb die Hochzeit bezahlt hätte. Meine Erzieherin sagte nämlich: Du weißt ja nicht, wo der sich überall rumtreibt. Dafür wäre mir mein Körper zu schade. Das war ein Schlüsselsatz für mich, da hat's bei mir klick gemacht. Dreißig Jahre später übrigens kam er dann noch mal an und wollte wieder ein Verhältnis.

Ich habe in Berlin sechzehn Jahre lang als Fleisch- und Trichinenbeschauer auf einem Schlachthof gearbeitet. Weil man da ne ganze Menge verdienen konnte. Alle Schweine wurden aus China importiert, und da mussten wir immer schauen, ob wir diese winzigen Fadenwürmer finden, die sich von den Schweinen auf die Menschen übertragen können. Wer Trichinen fand, bekam hundert Mark. Leider habe ich aber nie welche gefunden. Einmal hat ein und dieselbe Kollegin sogar auf beiden Schweinehälften was gefunden, also bekam sie zweihundert Mark. Ich hab's ihr gegönnt, denn sie war arm.

Weitere fünfzehn Jahre habe ich dann in der Näherei auf demselben Schlachthof gearbeitet, das war nicht so anstrengend, da konnte ich auch während der Schwangerschaften bei der Arbeit sitzen.

In der Zwischenzeit habe ich dann den Vater meiner weiteren drei Kinder kennengelernt und auch geheiratet. Leider hat sich der aber schon nach einem halben Jahr als Katastrophe herausgestellt. Er war eifersüchtig und ständig besoffen. Schmiss den Wohnzimmertisch um und sagte dann: Was ist denn hier los? Das hab ich mich auch immer gefragt. In den wenigen Momenten, in denen er mal nüchtern war, habe ich ihn gefragt: Was stört dich denn an mir? Ich mach dir was zu essen, ich nähe und flicke deine Kleidung, ich mache die Wohnung gemütlich und zahle alles – was hast du also? Nichts hat er gesagt. Im Kindergarten wurde ich mal gefragt: Kann ihr Mann überhaupt lachen? Also ich konnte jedenfalls immer lachen, auch hier und heute noch. Gut, dass ich mich vor Langem schon von ihm hab scheiden lassen.

Nach dreißig Jahren mit Männern auf dem Schlachthof ist mein Fazit: nie wieder Männer! Die haben immer nur übers Fremdgehen geredet, und als ich mal einen gefragt habe, was wäre, wenn seine Frau ihn betrügen würde, hat er gesagt: Die ist doch kein Stück Seife, nutzt sich ja nicht ab. Nur meinen ersten Mann habe ich geliebt, ansonsten habe ich immer die Notbremse gezogen. Da bin ich auch stolz drauf. Man muss die Dinge ja gerade als Frau unter Kontrolle behalten.

Die schönste und auch die schlimmste Zeit in meinem Leben hatte ich in meiner Kindheit. Schön war's bei meinen Pflegeeltern. Da kam ich hin, nachdem meine Geschwister und ich auf der Flucht mit dem Güterzug aus Westpreußen nach Berlin transportiert wurden. Als der Zug im Bahnhof einfuhr, waren meine Geschwister da drinnen bereits gestorben. Ich hatte Glück und kam zu Pflegeeltern, die mich richtig verwöhnt haben. Und das, obwohl ich ein echtes Miststück war. Meine Schuhe habe ich mit der Rasierklinge kaputt gemacht, nur damit ich neue kriegte.

Als ich neun Jahre alt war, hat sich meine Pflegemutter umgebracht. Einen Tag, bevor sie vierzig wurde. Aus Liebeskummer. Sie hat sich in meinem Zimmer und, schlimmer noch, an meinem Springseil aufgehängt. Um sie runterzukriegen, musste mein Vater leider das Seil durchschneiden, da führte kein Weg dran vorbei. Ich habe mein Seil so geliebt. Weil es für mich damals zu lang war, hatte ich zwei Knoten reingemacht. Die haben am Hals meiner Pflegemutter dunkelblaue Stellen gemacht, der restliche Streifen am Hals war weiß.

Wir hatten sie dann eine ganze Weile in der Wohnung, weil Vati erst das Klavier verkaufen musste, um den Sarg bezahlen zu können. Und ich, ich habe nur um mein Seil getrauert. Erst im Hort, als ich erzählte, was passiert war, und in die bestürzten Augen meiner Erzieher und der anderen Kinder schaute, konnte auch ich heulen. Aber trotzdem war ich erleichtert. Endlich konnte ich anziehen, was ich wollte. Nicht mehr diese weißen Lackschuhe und weißen Seidenstrumpfhosen. Keine Locken mehr im Haar, die sie mir immer mit der Brennschere reingedreht hat. Denn, so müssen Sie das sehen, das Verwöhnen hatte zwei Seiten: Ich war für meine Pflegemutter das Luxuskind.

Als mir der Arzt dann vor zwei Jahren sagte, er hätte irgendwo einen dunklen Fleck beim Untersuchen gesehen, hat er sich so schwergetan damit, mir zu sagen, dass es Krebs ist. Ick hab ihm dann gesagt: Nu drucksen Sie mal nicht so rum, und sagen Sie schon das Wort mit den fünf Buchstaben. Es hilft doch nichts. Ich habe überhaupt keine Angst vor dem Sterben, war doch ein tolles Leben. Ich fühle mich leicht und bin gut drauf. Vier tolle Kinder habe ich, die alle für mich da sind, was will ich mehr. Mein einer Sohn ist schwul, meine Tochter ist lesbisch, alles dabei. Das Leben geht eben so, wie es geht. Da kann kommen, was will.

Bärbel Koch, 70 Jahre, Lungenkrebs

Du musst mit offenen Augen durch die Welt gehen

Als ich heute früh spazieren ging und die Sonne so schön schien, habe ich gedacht, wenn's doch jetzt auf der Welt überall so friedlich und freundlich wäre wie in dem Moment hier bei mir, dann wäre ich glücklich. Die Natur in Ordnung, keine Katastrophen, kein Krieg, kein Schießen, das würde ich allen Menschen wünschen.

Wenn ich der liebe Gott wäre, würde ich von jetzt auf gleich in Amerika, überall, wo Menschen sich umbringen, sämtliche Waffen verschwinden lassen, auch sämtliche Stätten, wo sie hergestellt werden. Dass die Deutschen, die so einen fürchterlichen Krieg verbrochen haben, die größten Lieferanten von Waffen sind, verachte ich. Ich finde, dass die Menschen erst mal wieder ein bisschen mehr Achtung vor allem bekommen müssten, ob das jetzt ein Tier, eine Pflanze, ein Mensch oder die Umwelt ist. Es ist ja kaum noch Achtung da, obwohl: Ausnahmen bestätigen die Regel. Hier im Pflegeheim haben wir junge Männer, Zivis oder Auszubildende, die sehr liebevoll mit uns Alten umgehen. Doch heute fallen die Guten auf, früher war es umgekehrt, da fielen die Bösen auf, und das ist eine ganz schlechte Bilanz.

Ich bin heute noch dankbar, ein sehr soziales Elternhaus gehabt zu haben. Mein Vater hat mich schon als Kind in alle Musen eingeführt, ob das jetzt Theater, alte Gemäuer oder Kunstausstellungen waren. Später habe ich diese Begeisterung als Kulturobmann neben meinem Beruf als Telefonistin an andere weitergegeben. Mein Vater hat immer gesagt, du musst mit offenen Augen durch die Welt gehen, du musst farbig sehen. Das mache ich vor allem, wenn ich die Schönheit der Natur bestaune. Dieses Verändern und Immer-wieder-Neuentstehen, das gibt mir Kraft. Im Herbst, wenn ich sehe, wie die Färbung der Blätter im Wipfel anfängt und dann langsam nach unten geht. Und jedes Blatt, das runterfällt, ist ein Unikat.

Als wir einmal im Park von Sanssouci eine riesengroße Buche betrachteten, meinte mein Vater: Guck mal, ist sie nicht wie ein großer Dom? Bin ich hier in der Natur Gott nicht näher als in der Kirche? Ich habe einen Glauben, aber der ist in der Natur. Denn mein Vater hat immer gesagt, die Kirche macht keinen Christen, ein Christ muss leben wie ein Christ, das ist das Wichtigste.

Dreimal im Leben gab es bei mir die große Liebe. Mein Verlobter, der im Krieg geblieben ist, mein erster Mann und mein zweiter, mit dem ich fünfzig Jahre zusammen war. Ich hatte immer nur Menschen um mich, die einen sehr guten Charakter haben, was anderes hätte ich auch nicht genommen. Wir haben uns auch nicht mit Schmutz beworfen, als mein erster Mann und ich uns getrennt haben.

Was mich heute am meisten ärgert, ist, dass man unsere DDR von drüben nur von vorne bis hinten mit Dreck beschmeißt. Jetzt rede ich mal, so hätte ich zu Hause nie reden dürfen, aber es ist tatsächlich so. Die machen uns runter, weil sie selbst so viel Schmutz zu verbergen haben. Sie sind ja bis heute noch nicht fertig, ihre Nazizeit abzuarbeiten. Die sollen doch nur ruhig sein, da sind sich hier viele einig, die die Nazizeit mitmachen mussten. Wie ich meine Mutti schreien hörte, als die Nazis unseren jüdischen Nachbarn abholten. Oder wie ich als Hilfsschwester im Bunker ohne Licht und Wasser Geburten betreute. Der Krieg hat doch die ganze Menschheit anders geprägt und durcheinandergerührt.

Ich finde, die Menschen sollten wieder ein bisschen besonnener und bescheidener werden. Nicht immer noch mehr haben wollen. Immer nur Konsum, Konsum, Konsum. Das ist ja auch etwas, das die Umwelt mit zerstört. Albert Schweitzer hat schon vor Jahrzehnten gesagt, der Kapitalismus ist eine reißende Bestie, was ja stimmt, es will nur heute keiner mehr hören. Aber dann hat er etwas gesagt, was mir noch besser gefällt: Wenn jeder Mensch sich ein bisschen bescheiden könnte, dann würde es allen Menschen auf der Welt besser gehen. Das stimmt.

Wenn ich dann jetzt bald tot bin, möchte ich gerne mein Leben für einen liebenswerten jungen Menschen geben, der eventuell verunglückt ist im Bau oder dergleichen. Also einfach mein Leben beenden und es einem jungen Menschen geben. Denn mit mir ist ja nicht mehr groß was anzufangen. Was ist man heute als alter Mensch? Im Prinzip eine zahlende Nummer, mehr nicht.

Doris Feicht, 88 Jahre

Es hätte viel schlimmer kommen können

Das Wichtigste im Leben ist, dass man anderen Menschen vertraut und sich auf sie einlässt. Man darf nicht alleine laufen. Ich habe mich eingelassen auf meinen Mann und meine zwei Töchter, und jetzt muss ich mich auch in die Situation mit meinem Schlaganfall vollkommen einfügen wie ein Kind. In den Situationen, auf die ich mich eingelassen habe, habe ich eigentlich immer etwas gefunden, das mich zufrieden gemacht hat. Wenn man es sich richtig überlegt, könnte, glaube ich, jeder zufrieden sein mit irgendwas, und das muss im Vordergrund stehen.

Wenn mir damals jemand sagte, ach, das Traurige vergeht, die Zeit heilt alle Wunden, hätte ich denjenigen schlagen können. Heute weiß ich, es stimmt, das Traurige verflüchtigt sich, allerdings kommt es immer wieder. Beim Jahreswechsel, an Weihnachten, am Geburtstag oder manchmal in der Nacht, wenn ich nicht schlafen kann. Weil ich draußen die Vögel zwitschern höre. Das ist ein schönes Geräusch, aber ich höre es nicht gerne. Dann erinnere ich mich nämlich an meine Tochter, die immer gesagt hat, Mutti, mach mal das Fenster auf, ich will die Vögel hören. Ursel ist mit achtzehn Jahren an einer Blutkrankheit gestorben.

Ich habe meinen Mann sehr gerne gehabt und geliebt, aber seinen Tod zu verkraften ist mir nicht so schwergefallen wie den der Kleinen. Ich weiß nicht, das mit dem Kind ist im Herzen etwas anderes, das ist auch eine andere Liebe.

Schon als Ursel vier Jahre alt war, wussten mein Mann und ich, dass sie an einer unheilbaren Krankheit litt. Wir haben aber nie mit ihr darüber gesprochen, wie sagt man einem Kind, dass es nicht mehr gesund wird? Zum Glück hatte ich meinen Mann, der mir in dieser schweren Zeit viel Kraft gegeben hat, weil er zu mir gestanden hat. Die große Liebe war es nicht, so wie man das im Fernsehen sieht, das ist Quatsch, so etwas gibt es nicht. Aber wir haben Achtung voreinander gehabt. Deshalb hat er mir auch alles überlassen, was mit den Kindern, der Gesundheit und dem Haus zu tun hatte, darum habe ich mich alleine gekümmert.

Nach dem Tod von Ursel ist das Schwere noch weitergegangen. Meine andere Tochter kam in andere Umstände, große Freude. Dann war's endlich so weit, und was hat sie? Ein Kind, das von Geburt an gelähmt ist. Aber ich muss sagen, auch da bin ich meinem Schicksal nicht böse, es hätte viel schlimmer kommen können. Mein Enkelsohn hätte einen Gehirnschaden haben können, aber so ist er bloß körperlich benachteiligt. Außerdem hat meine Tochter noch ein anderes, gesundes Kind geboren, das auch schon eine Tochter hat. Ich bin also Urgroßmutter.

Vor vier Jahren hatte ich einen Schlaganfall. Leider hat es nicht für den Tod gereicht, die erste Zeit war schlimm. Man wurde gewickelt, man wurde gefüttert, man war gar nicht mehr Mensch, sondern bloß noch ein Stück lebendes Objekt. Bei uns Alten gibt es doch viel Traurigkeit. Wir haben alle mal etwas dargestellt im Leben, wir haben alle mal etwas geleistet, und was sind wir jetzt? Ich kann noch nicht einmal alleine auf die Toilette gehen, und meine Tochter bezahlt für mich, wenn ich etwas kaufen möchte. Mein ganzes Leben habe ich über mich bestimmt, und jetzt, wo ich alt bin, muss ich über mich bestimmen lassen. Aber auch da muss ich wieder zufrieden sein. Ich habe meine Kinder und meine Enkelkinder. Es gibt viele hier im Pflegeheim, die ganz alleine sind.

Ich habe meinen Kindern schon gesagt, wenn ich mal sterbe, weint nicht, ich bin so weit. Ich habe mein Leben gelebt, das ist etwas anderes, als wenn man jung stirbt. Ich bin auch so ein Mensch, der seine Beerdigung bereits geregelt hat. Mein Mann und ich sind damals ins Beerdigungsinstitut gegangen und haben uns die Hemden ausgesucht, die wir das letzte Mal anziehen wollen, den Sarg gewählt, das Kopfkissen und die Decke. Ich habe das Grab, wo ich reinkomme, mein Mann und meine Tochter warten dort auf mich. Die Patientenverfügung habe ich auch gemacht. Ich möchte bloß nicht kämpfen müssen, dass ich sterben kann. Es müsste schnell gehen, das wünscht sich jeder.

Ich glaube nicht an ein Leben nach dem Tod, dazu bin ich zu realistisch. Ich habe immer diejenigen beneidet, die glauben können. Weil man dann noch jemanden über sich hat, den man verantwortlich machen kann für so manches. Ich konnte nicht sagen, warum hast du da oben …, ich musste es alleine tragen. Aber ich habe mich eingelassen auf die Menschen, auf das Leben.

Gisela Weber, 84 Jahre

In der Musik konnte ich weiter der Rebell sein, der ich immer war

Schon als Kind war ich ein kleiner Rebell. Einfach so vom Typ her. Gar nicht, weil ich mich gegen irgendetwas auflehnen wollte. Und damals hat man kleine Rebellen auch noch Rebellen sein lassen. Es wurden nicht sofort die Eltern in die Schule bestellt, um ihnen mitzuteilen, dass sie ein gewaltbereites Kind haben, nur weil wir mal dem einen oder anderen auf dem Pausenhof in die Magengrube getreten haben. Meine Eltern hätten für so etwas auch gar keine Zeit gehabt. Ich komme aus kleinsten Verhältnissen, mein Vater war auf dem Bau, meine Mutter hat als Putzfrau gearbeitet. Wir haben jeden Pfennig umgedreht, waren aber trotzdem zufrieden. Manchmal denke ich mir, vielleicht waren wir gerade deswegen zufrieden. Es gab ja auch gar nicht die Möglichkeit zu diskutieren, ob ich lieber Schinken oder Käse aufs Schulbrot haben möchte. Oder ob ich ein neues Spielzeug bekomme, oder ob wir mit dem Flugzeug fliegen. Ich habe noch nie in einem Flugzeug gesessen. Und vielleicht werde ich diese Welt verlassen, ohne je irgendwohin geflogen zu sein. Ich habe nie so sehr davon geträumt, dass ich darauf gespart hätte, aber wenn ich mir vorstelle, dass ich es nicht mehr werde machen können, bevor ich sterbe, dann bereu ich's jetzt schon ein bisschen. Na ja, ich ärgere mich eher, als dass ich es bereue. Mehr nicht.

Denn es gab schon immer etwas viel Wichtigeres in meinem Leben, und darauf habe ich immer gespart, und dafür habe ich auch immer mein ganzes Geld ausgegeben. Das war die Musik. Die habe ich für mich entdeckt, als ich dreizehn war. Damals bin ich mit dem Nachbarn auf seinem Moped in die Stadt gefahren, um das neue Supertramp-Album zu holen. Oder AC/DC. Wir haben uns dann bei ihm zu Hause hingesetzt und angefangen, selber Musik zu machen. Seine Eltern hatten etwas mehr Geld als meine, weil sein Vater auch auf dem Bau gearbeitet hat, aber in einer höheren Position als mein Vater. Deswegen konnten sie ihrem Sohn eine Gitarre kaufen. Jedenfalls habe ich es meinem Nachbarn zu verdanken, dass ich meine Leidenschaft entdeckt habe. Denn in der Musik konnte ich weiter der Rebell sein, der ich immer war, da konnte mich keiner bändigen.

Thomas, wenn du das liest, dann möchte ich dir noch mal danke sagen für alles, was in meinem Leben durch dich möglich war. Ich glaube, ich habe dir das nie so richtig sagen können. Wir haben zusammen eine Band gegründet, die »Rocking Rebels«, und das war eine so schöne Zeit. Unsere Lieder waren so zwischen Indie Rock und Alternative Rock angesiedelt, und meistens haben wir die von den großen Bands wie R.E.M. nachgespielt. Musik macht frei, bei der Musik kannst du all deine Sorgen vergessen. Ich kann ohne Musik nicht leben. Alles andere war mir auch immer schon egal, mehr oder weniger. Das hat meine Eltern und später auch meine Frauen zum Verzweifeln gebracht, dass ich mich für nichts anderes interessiert habe. Vor allem die Frauen haben mir dann nach einer Weile gesagt: Daniel, du wirst schon sehen, wo du bleibst, wenn du so egoistisch bist und nie in Freundschaften und in die Liebe investierst. Dann wirst du eines Tages alleine alt.

Tja, Leute, ich habe halt für die Musik gelebt. Ich konnte nicht anders. Und dass ich von euch mehr genommen habe, als ich zurückgegeben habe, das tut mir leid. Aber ich habe kein schlechtes Gewissen. Und wie es aussieht, werde ich jetzt ja nicht alleine alt, weil ich gar nicht alt werde. Seht ihr, so kann's halt auch kommen im Leben. Solange ich Musik hören und meinen iPod bedienen kann, ist das Warten auf das Ende einigermaßen erträglich. Und seit mein Nachbar weiß, dass ich unheilbar krank bin, beschwert er sich auch nicht mehr, dass es zu laut ist. Thomas läuft dann immer rüber und sagt ihm, was Sache ist. Früher hat der Nachbar mich mehrmals angezeigt und die Polizei geschickt, weil wir zu laut waren. Jetzt kommt er sogar manchmal rüber, und wir reden. Würde ich nicht im Sterben liegen, wären wir nie ins Gespräch gekommen. Alles hat eben irgendwas Gutes, selbst das Ende.

Daniel Fischer, 56 Jahre
verstorben im April 201*

Wenn ich in meinem Leben noch mal etwas anders machen könnte, dann wäre es das: niemals mein Kind zu verlassen

Ich habe ALS. Seit Mai 2010. Sie wissen nicht, was das ist? Die Krankheit heißt Amyotrophe Lateralsklerose. Es ist eine Muskelschwäche im ganzen Körper. Unheilbar. Bei mir kommen spastische Anfälle hinzu, in meinem Fall nimmt die Krankheit einen besonders aggressiven Verlauf. Schon länger kann ich nicht mehr sprechen. Glücklicherweise habe ich diesen Sprachcomputer vor mir, durch den ich jetzt mit Ihnen spreche. Überhaupt bin ich recht gut drauf. Ich lache viel, und das ist nicht nur pathologisch bedingt. Ich war auch vor der Krankheit ein fröhlicher Mensch. Und zufrieden mit meinem Leben.

Ich bin 59 Jahre alt. Bis zuletzt habe ich als Chefassistentin und Prokuristin bei einer Reederei in Hamburg gearbeitet. Zeit meines Lebens habe ich gerne gearbeitet. Die Arbeit macht nicht nur große Freude, sondern sie kann einen auch mal retten, wenn es privat nicht so gut läuft. Vor allem mit Männern zu arbeiten finde ich spannend. Erstens können sie in der Regel weniger, und zweitens ist da kein Konkurrenzkampf im Spiel. Eine Zeit lang wollte ich sogar mal Kfz-Mechaniker werden, das hab ich dann aber doch nicht weiterverfolgt. An allen Arbeitsplätzen habe ich immer lange durchgehalten. Zum Beispiel war ich sechzehn Jahre lang bei der Modefirma Jil Sander, als Produktionsassistentin und in der Werbung. Das Durchhalten an sich ist ja inzwischen zu einer seltenen Tugend geworden. Ich finde es aber erstrebenswert. Überhaupt habe ich eine konservative Einstellung, und die ist gerade dann wichtig, wenn man mit jungen Menschen arbeitet.

Meine Tochter ist jetzt achtundzwanzig, und ich bin stolz auf sie. Sie ist Hotelfachfrau, hat viel mit Geschäftsleuten zu tun und ist ehrgeizig wie ich! Drei Mal war ich verheiratet. Es gibt eben nur Lebensabschnittspartner. Mit meinem dritten Mann läuft es aber endlich gut. Haben Sie den Spruch gesehen, der über meinem Bett hängt? Lesen Sie mal. »Liebe besteht nicht darin, dass man einander ansieht, sondern dass man gemeinsam in die gleiche Richtung blickt. Antoine de Saint-Exupéry«.

Rainer ist dreizehn Jahre älter als ich. Wir haben uns vor vielen Jahren in einer Wellnessklinik kennengelernt. Und jetzt leidet er sehr unter der Situation, weil er nicht helfen kann. Mein zweiter Mann war ein pathologischer Glücksspieler. Er ist der Vater meiner Tochter. Das Schlimmste war, dass sie nach der Trennung bei ihm bleiben wollte. Ja, das war die schlimmste Zeit in meinem Leben. Sie war erst zehn.

Wenn ich in meinem Leben noch mal etwas anders machen könnte, dann wäre es das: niemals mein Kind zu verlassen. Und niemals unter dreißig zu heiraten. Denn bis dahin versteht man einfach zu wenig vom Leben. Ich bin so froh, dass meine Tochter und ich ein sehr gutes Verhältnis haben, trotz allem, was mit ihrem Vater passiert ist. Sie kommt einmal im Monat zu Besuch, und wir genießen die gemeinsame Zeit, die uns noch bleibt.

Jetzt ist übrigens die schönste Zeit in meinem Leben. Ich muss mich um nichts mehr kümmern. Und ich habe einen tollen Pfleger, Andi. Gerade gestern hat er das Examen zum Altenpfleger bestanden. Er ist ein wunderbarer Mensch. Wir waren sogar gemeinsam in San Francisco letzten Sommer. Ohne ihn gehe ich nirgendwohin. Seine Mutter hatte dieselbe Krankheit wie ich, er kennt sich also aus. Außerdem steht er mir als Pfleger sehr nahe. Verwandte können das nicht, einen pflegen. Sie haben einfach nicht die richtige Distanz. Man wird immer nur als Kranke behandelt. Die Normalität fehlt. Mein Mann mag Andi genauso gerne wie ich. Weil er gut auf seine Frau aufpasst.

An ein Leben nach dem Tod glaube ich nicht. Schön wäre es, wenn ich's könnte. Ich rede auch oft mit Gott, zweifle allerdings an seiner Existenz.

Teresa Altmann, 59 Jahre
verstorben im Juni 201*

Lieber etwas Getanes bereuen, als einem Versäumnis hinterhertrauern

Das ganze Leben spielt sich rund um zwischenmenschliche Beziehungen ab. Vor allem in der Familie. Für mich ist es immer eine Frage von Geschwindigkeit und Richtung. Wie im Straßenverkehr. Je früher man heiratet, desto unwahrscheinlicher ist es, dass beide Ehepartner sich den Rest des Lebens im gleichen Tempo und in dieselbe Richtung entwickeln. Selbst wenn man im selben Fahrzeug sitzt. Am Anfang, wenn man sich aus purer Liebe verspricht, den Rest des Lebens zusammenzubleiben, dann spricht man vielleicht mal darüber, wie es in späteren Lebensphasen so sein wird. Ich höre mich noch sagen: Ach, wenn es mal so weit ist, dann fällt uns schon was ein.

Jess und mir war nach zweiundzwanzig Jahren Ehe leider nichts eingefallen. Wir haben geheiratet, als sie einundzwanzig war und ich dreiundzwanzig. Mit allen Träumen, die man dann noch vom Leben hat. Dann bekamen wir vier Kinder, alles war wunderbar. Jess hat ihre Ausbildung zur Kosmetikerin abgeschlossen, hat aber aus freien Stücken nie gearbeitet, weil sie für die Kinder da sein wollte. Ich war Truck-Fahrer. Das sind diese riesengroßen Laster. Durch die Nachtschichten habe ich gut verdient. Das jährliche Highlight waren die Sommerferien, wir waren jedes Jahr am selben Ort beim Zelten. Alle vier unserer Kinder sind in der Lage, selber ein Zelt aufzubauen. Das habe ich ihnen frühzeitig beigebracht.

Jedenfalls sind jetzt die Kinder aus dem Haus, und Jess hat seitdem ihre Lebensaufgabe verloren. Genau in dem Moment, als Bill, unser Jüngster, nach Ohio zog, um dort eine Ausbildung zum Handwerker zu machen, bekam ich das Angebot, für die Firma Sterling im Vertrieb zu arbeiten. Sterling gehörte früher zu Ford, und ich sollte daran mitarbeiten, das Truckmodell Ford F-650 zu vermarkten. Eine großartige Chance für mich. Eine besondere Herausforderung, die mich wirklich gekickt hat. Vom Fahrer zum Vertriebsmitarbeiter – das schaffen nur wenige. Dass so etwas in der Mitte meines Lebens noch mal auf mich zukommen würde, das hätte ich nie gedacht. Jess sah das Ganze leider nicht so. Sie fragte mich: »Und was soll ich dann den ganzen Tag machen?« Denn als Truckfahrer hatte ich nur Schichteinsatz und war zwar unregelmäßig, aber doch recht viel zu Hause.

Ich habe ihr immer wieder gesagt, dass sie sich selber eine neue Aufgabe suchen muss. Egal was, und wenn es Kakteenzüchten ist. Oder Eierwärmer stricken. Ganz egal, Hauptsache, sie findet etwas, das sie erfüllt. Ihren Beruf als Kosmetikerin wollte sie auch nicht mehr aufgreifen. Sie wollte gar nichts, nur verhindern, dass ich beruflich eine Herausforderung annehme. Wieso bin ich denn sonst verheiratet, wenn du jetzt, da die Kinder aus dem Haus sind, nicht mehr Zeit für uns hast? Es war der größte Konflikt in meinem Leben. Ich musste mich zwischen meiner Frau und meiner Arbeit entscheiden. Es war keine leichte Entscheidung, und Jess hat sie mir auch nicht leicht gemacht. Aus ihrer Sicht habe ich nur an mich gedacht, und aus meiner Sicht hat sie nur an sich gedacht. Es war vertrackt. Schlussendlich habe ich mich für meine Chance entschieden. Und Jess hat es akzeptiert. Sie hat zwar immer noch keine neue Aufgabe, aber sie hat sich nicht getrennt. Dazu haben wir auch zu viel gemeinsam aufgebaut. Und das alles wegzuwerfen, nur weil man plötzlich auf sich selbst zurückgeworfen wird, das wäre undankbar gewesen. Das habe ich ihr immer wieder runtergebetet. Bin ich froh, dass Jess die Kurve gekriegt hat! Sie geht jetzt öfter ins Fitnessstudio, ins Nagelstudio, sieht ihre Freundinnen. Und jeden Samstagabend führe ich sie zum Italiener aus. Das ist unser neues Ritual.

Seit ein paar Wochen allerdings liege ich hier im Hospiz in Kalifornien. Und damit ist es dann wohl auch bald vorbei, mein Leben. Ich sehe das ganz realistisch. Zuerst hatte ich eine brutale Angst, als ich die Diagnose einer unheilbaren Krankheit bekam. Ich hatte mit allem gerechnet, nur nicht damit. Ich habe geweint, war verzweifelt. Jess war wunderbar, hat mich stundenlang im Arm gehalten. Mit einer unendlich großen Vertrautheit. Irgendwann habe ich mein Sterbenmüssen akzeptiert. Welch ein großes Glück, dass Jess bei mir war und ist, mein Leben lang. Ja, es ist mein größtes Glück überhaupt, dass sie mich damals nicht verlassen hat. Und unsere gemeinsamen Kinder, die kümmern sich auch bestens um mich. Wenn man schon vorzeitig gehen muss, dann ist es tröstlich, dass man nicht allein ist. Mit meinem größten Dank aus tiefstem Herzen werde ich von euch gehen. Trauert nicht zu sehr um mich, ich habe meine Chancen ergriffen. Eines Tages kommen sie auch für euch, und dann ergreift sie bitte auch. Damit ihr am Ende eures Lebens nicht sagen müsst: Hätte ich doch. Lieber etwas Getanes bereuen, als einem Versäumnis hinterhertrauern.

Dan Milton, 58 Jahre
verstorben im März 201*

Eier und Buletten am Wannsee

Die einzig schöne Zeit in meinem Leben war meine Kindheit. Mit meinen Geschwistern beim Ponyreiten auf dem Bauernhof. Als wir eine Familie waren. Kurzreisen ohne Geld. Ohne Geld entstehen lustige Situationen. Zum Beispiel, als wir Eier und Buletten am Wannsee gegessen haben, weil die Cafés so teuer waren.

Wir haben immer alles selbst erarbeitet, meine Mutter hat das schon getan, und meine Töchter tun es auch.

Vom gesamten Rest meines Lebens möchte ich nichts notiert wissen. Die Erinnerung ist einfach noch zu frisch; und ich möchte meinen Kindern nicht damit wehtun, wie ich mein Leben im Rückblick sehe.

Es ist viel Pech über meine Familie gekommen. Warum das so ist, weiß ich auch nicht. Ich habe stets alles registriert, ob ich es aber alles begriffen habe, weiß ich nicht. Ich glaube an die zehn Gebote. Aus der Bibel kann man schon viel nehmen. Was du nicht willst, das man dir tut … Ach, bitte organisieren Sie mir doch einen Pfarrer. Das wäre jetzt das Richtige.

Louise Riemschneider, 73 Jahre, Diabetes und Krebs

Das Leben kommt ja auch von nichts

Madame Rousseau saß rechts am Tisch, gegenüber ihr frisch vermählter Mann und dazwischen Celine, die kleine Tochter. Wir aßen selbst gebackenes Brot und lachten über Celines tollpatschige Essmanieren. Ich war fünfzehneinhalb Jahre alt und erlebte gerade den ersten Höhepunkt meines Lebens: weit weg von zu Hause zu sein, in einer normalen Familie mit Anstand und Liebe.

Meine Jugend war eine Katastrophe. Ich bin als Stiefkind groß geworden. Meinen leiblichen Vater habe ich nie kennengelernt, und der zweite Mann meiner Mutter war unmöglich für mich. Er hat einfach nur Mitarbeit aus mir herausgesogen. Wenn ich aus der Schule kam, musste ich sofort für ihn strammstehen und in seiner Werkzeugfabrik blödsinnige Fließbandarbeit machen. Nie habe ich eine Streicheleinheit von ihm bekommen. Im Gegenteil, wenn ich nicht gehorchte, peng, hatte ich wieder eine Watschen.

Eines Tages kriegte ich die Nachricht, dass ich bei einer Familie in der französischen Schweiz wohnen und in deren Bäckerei arbeiten könne. Das Einzige, was mir mein Stiefvater bei der Verabschiedung sagte, war: Du weißt, was du zu tun hast. Meine Mutter hatte mir fünf Franken mitgegeben. Geld war knapp gewesen, knapper geht's gar nicht. Deshalb konnte sie mich vor meinem Stiefvater auch nie so richtig in Schutz nehmen. Sie musste zusehen, dass sie meinen älteren Bruder und mich aus erster Ehe irgendwie durchbrachte.

Das Wichtigste im Leben waren mir Freiheit und Sicherheit. Ich hatte einen unbändigen Willen, selbstständig zu sein und eine Existenz aufzubauen, die mir niemand mehr nehmen konnte. Die habe ich dann auch erarbeitet, mit viel Schweiß. Mit fünfundzwanzig war ich Personalchef im Hotel Belle Vue Palast und mit siebenundzwanzig Direktor des Grand Hotel Regine im Grindelwald, ein Fünf-Sterne-Haus.

Die Familie kam dabei zu kurz. Ich glaube, dass ich meinen Kindern zu wenig gegeben habe. Ich habe keine Zeit für sie aufgewandt, dazu war ich zu egoistisch. Auch für meine Frau nicht. Ich habe alles in den Beruf reingesteckt. Wahrscheinlich wegen meiner Jugend. Abends war ich dann fix und fertig, da konnte ich nur noch mit meinem Hund sprechen oder spazieren gehen. Die Entscheidung für den Beruf war bewusst, der machte mir Spaß, da kriegte ich Anerkennung, die sich im Gehalt und in Zahlen ausdrückte. Als ich 1961 als Chefeinkäufer im textilen Einzelhandel anfing, waren wir der kleinste Betrieb in der Schweiz. Und als ich zehn Jahre später das Unternehmen verließ, waren wir die Nummer eins in der Schweiz.

Von dir erfährt man zu wenig, was Liebe ist, hat meine Frau mir mal gesagt. Ja gut, aber ich wusste nicht, wie. Ich habe ihr dann jeden Samstag einen Blumenstrauß mitgebracht. Das registrierte sie zwar, aber genützt hat es auch nichts. Auch bei den Kindern habe ich probiert, einen Draht herzustellen. Ich nahm sie mit auf meine Geschäftsreisen oder ging mit ihnen auf Ausstellungen. Doch es war zu spät, den richtigen Zeitpunkt hatte ich verpasst. Als ich endlich das Geld zusammenhatte für die lang geplante Rückkehr in die Schweiz, sagte meine Frau: »Ich komme nicht mehr mit.« Nach siebenundzwanzig Jahren Ehe ließen wir uns scheiden.

Mit dem Verhältnis zu meinem Sohn bin ich zufrieden, zu meiner Tochter wünsche ich mir mehr Kontakt. Zeitweise hatten wir keinen, darunter habe ich sehr gelitten. Aber vor vier

Monaten schrieb sie mir einen kurzen Brief. Sie sei dankbar für das, was ich ihr durch meinen Beruf vorgelebt hätte: dass von nichts nichts kommen würde. Immerhin, darin wollte ich immer ein Vorbild sein.

Ich hatte ein erfülltes Leben, sehr. Also, wenn ich die Augen zumache, sage ich, lieber Gott, ich habe viel einstecken müssen, aber ich habe auch viel gewinnen dürfen. In dieser inneren Haltung lebe ich heute. Ich lege mich ins Bett, schlafe herrlich, esse gerne, sitze in meinem Sessel. Das ist nur ungerecht der Marie, meiner Lebenspartnerin, gegenüber, sie macht alles alleine.

Glauben tue ich nicht mehr. Zu lange sah ich, dass das, was Menschen machen, Schein ist. Bis hin zum Papst. Dabei war mir das, was die sagen, früher heilig. Auch an ein Leben nach dem Tod glaube ich nicht. Jeder schaut für sich, und jeder stirbt für sich allein. In dem Moment, wo es klick macht, hört einfach alles auf. Das Leben kommt ja auch von nichts.

Bert Morgenstern, 83 Jahre

So ein Erlebnis verbindet ja, das kann man nicht beschreiben

Wenn ich an schwierige Situationen in meinem Leben denke, fällt mir auf, dass ich dann oft meinen Bruder an meiner Seite hatte. Eigentlich war er immer für mich da. Das war schon so, als die Kinder noch ganz klein waren. Mein Mann war Taxifahrer und viel unterwegs. Am Tag und oft in der Nacht, auch am Wochenende. Aber selbst wenn er zu Hause war, hat er sich nicht groß um die Kinder gekümmert. Dass er mal mit ihnen in den Buddelkasten ging oder in der Wohnung sauber machte, kam alles nicht infrage. Das lag alles auf meinen Schultern, obwohl ich ja auch arbeiten musste. Und dann kam oft mein Bruder und hat mit den Kindern gespielt und den Haushalt gemacht. Das tat er gerne und von sich aus, da musste ich gar nichts sagen. Eigentlich hieß er Ulrich. Aber wir haben ihn nur Uli genannt.

Vertrauliches haben wir auch miteinander besprochen. Wie es im Leben so läuft, war mir eine andere Frau in die Quere gekommen, sage ich mal. Aber was soll's. Zwei Jahre habe ich gekämpft um meinen Mann, und dann konnte ich nicht mehr. Wir ließen uns scheiden, und ich hatte einen Nervenzusammenbruch. Aber ich hatte auch Uli, der mich wieder aufbaute.

Vor zehn Jahren habe ich mir das Sprunggelenk gebrochen, das macht mir heute noch manchmal Schmerzen. Meine Beine waren gewickelt, und ich konnte mich längere Zeit nicht rühren, also auch so ein Schicksalsschlag. Erst hat mich mein Bruder immer im Krankenhaus besucht, und als ich zu Hause war, kaufte er für mich ein, brachte mir die Wäsche und malerte das Wohnzimmer. Das war ja wirklich eine große Hilfe für mich, denn zu der Zeit lebte ich alleine und meine beiden Söhne besuchten mich kaum. Sie haben gesagt, sie bräuchten nicht zu helfen, das mache ja schon alles Onkel Uli.

Die Kinder waren vielleicht manchmal ein bisschen egoistisch. Wenn mein Bruder sich mehr um mich gekümmert hat als die Kinder, möchte ich damit nicht sagen, dass mir meine Kinder fern waren, aber Uli war mir vertrauter. Vielleicht kam das durch den Krieg. Er war fünf Jahre alt und ich acht, als wir im Januar 1945 fliehen mussten. Meine Mama und die Großeltern sind dann mit uns auf dem Schlitten zum Bahnhof gefahren. Es war minus fünfundzwanzig Grad, im Hintergrund donnerten die Kanonen. Wir nahmen den letzten Zug. So ein Erlebnis verbindet ja, das kann man nicht beschreiben.

Weil mein Bruder so gütig und großzügig mit mir umgegangen ist, machte es mich ganz traurig, dass er schon mit sechzig an Krebs leiden musste. Jede Woche habe ich ihn besucht im Krankenhaus. Einmal sagte er, ich glaube, ich pack das nicht mehr lange. Über Weihnachten kam er dann noch mal nach Hause. Weil wir bei meiner Mutter früher immer Kaninchen gegessen haben und das sein Lieblingsessen war, habe ich für Uli Kaninchen gemacht. War doch klar. Ich habe extra ein ganz frisches ausgewählt, das ich zwei Tage lang in einen Sud aus Buttermilch, Gewürzkörnern und einem Lorbeerblatt eingelegt habe. Ich war froh, dass ich mir so viel Mühe gegeben hatte, es war sein letztes Weihnachten.

Mit dem Sterben hat er, glaube ich, auf mich gewartet. Er wusste, dass ich an jenem Freitag kommen würde. Kaum war ich in der Tür, war mir klar, dass es jetzt so weit sein würde. Ich habe dann noch ein wenig mit ihm gesprochen. Nach einer halben Stunde schien es auf einmal, als ob er entspanne. Dann hat er mit einem Mal ausgeatmet, und anschließend war er still. Monatelang habe ich mit seinem Tod zu kämpfen gehabt. Seine Frau war nicht da, als Uli gestorben ist. Mein Bruder und ich waren uns eben sehr vertraut, das sind so Lebenssachen, die vergesse ich nie.

Gertraude Röhnmart, 75 Jahre, Blasenkrebs

Ich wollte immer Spaß haben, bei allem, was ich gemacht habe

Immer wenn ich Sport gemacht habe, war ich glücklich. Nicht nur einen Moment lang, sondern über die ganze Zeit während des Sports und noch die Stunden danach, wenn ich die Erschöpfung meines Körpers gespürt habe. Herrlich. Selbst den Muskelkater am Tag danach mochte ich. Ich war Rennsportler im Kanufahren. 10 km eine Bahn. In Grünau. Wenn einer fehlte, dann habe ich mich für ihn einsetzen lassen. In einem Vierer. Wir haben oft gewonnen.

Vielleicht finde ich es deswegen jetzt besonders beschissen, dass ich im Rollstuhl sitzen muss. Es ist eine Quälerei. Seit ungefähr zwölf Jahren habe ich Parkinson. Das fängt so leicht an und steigert sich dann. Lieber würde ich sterben, aber da ich das nicht in der Hand habe, denke ich zurück an meine schöne Zeit. Und ja, ich hatte vor dieser Krankheit ein schönes Leben. Ich würde gerne noch mal alles erleben, was ich erlebt habe. Im Paddelboot fahren, Kanu fahren, Auto fahren, alles, was mir Spaß gemacht hat. Früher hatte ich einen Trabant. Kurz vor Neuruppin zum großen Zechensee, da bin ich immer gefahren und dort ins Kanu gesprungen. Wenn ich die Augen schließe, dann spüre ich wieder diese Ruhe, diese Gesittetheit, das war die Stimmung dort. Wir haben im Hausboot übernachtet, und wenn wir morgens aufgestanden sind, sind wir gleich ins Wasser gehüpft. Es war ein ganz sauberer See. Wir hatten einen Liegeplatz. Wind und Sturm haben uns immer viel zu tun gegeben: Wir mussten ständig alles renovieren und wegräumen.

Ja, ich glaube, mehr ist das Leben nicht, nicht in der Vorschau und nicht im Rückblick. Wenn man das mal verstanden hat, dann kann man nur noch zufrieden sein. Ich glaube nicht, dass nach dem Tod noch was kommt. Das Leben ist nur ganz kurz. Wir müssen es so verarbeiten, wie es uns gegeben ist. Und wenn es abgelaufen ist, wenn die Sonne nicht mehr scheint für uns, dann wird es düster. Angst vor dem Tod habe ich aber nicht, ich muss da durch. Geht ja nicht anders, wir sind ja alle nicht davon befreit. Da können sie noch so viele gesundheitliche Studien machen, das spielt alles keine Rolle, alles Körperliche geht eben irgendwann den Bach runter. Sie sehen ja, wie es mir jetzt geht. So ein schönes Leben habe ich gehabt, und jetzt muss ich im Rollstuhl fahren. Das ist ein Gefängnis. Ich musste schon böse Sachen mitmachen, die mir wehgetan haben. Schlimm, wenn man hilflos und wehrlos ist gegenüber den anderen. Auch wenn sich die Pflegekräfte große Mühe geben. Da ist eine vom Hospiz, die fährt mich öfter raus, da freue ich mich immer.

Ich wollte immer Spaß haben, bei allem, was ich gemacht habe. Das habe ich auch erreicht. Ich war Dreher von Beruf. Da hat man so kleine Maschinen, und daran habe ich gearbeitet. Ich fasse heute noch gerne ein Stück Eisen an, weil ich damit gerne gearbeitet habe. Das gehörte zu meinem Beruf. Die Wände von Boxen schneiden. Wenn eine Maschine kaputt war, dann haben sie die auseinandergenommen und zu mir gebracht. Ich habe dann alles repariert und neu gedreht. Das schönste Stück, das ich gemacht habe, ist ein Kerzenständer aus Messing. Der steht zu Hause.

Ich bereue nichts in meinem Leben. Es ist ja eh kurz gewesen. Und ich war immer bescheiden, habe nie versucht, etwas übers Knie zu brechen. Zurückstecken, nichts Großes wollen, dann kommt auch der Erfolg. Das haben mir meine Eltern mit auf den Weg gegeben. Ich war kein Krawaller oder einer, der mit Gewalt alles machen wollte.

Es gibt ja nicht wenige, die kurz vor dem Ziel zusammenkrachen. Man will hoch hinaus, und man schafft es nicht, und dann kracht man zusammen. Ich aber hatte keine hohen Ziele, also ist bei mir auch nichts zusammengekracht.

Angst hat mir der 13. August 1961 gemacht. Der Mauerbau. Fliehen wollte ich schon deshalb nicht, weil wir uns ein Haus gebaut haben. Da hängt man dann an jedem Gegenstand, den man gemacht hat, sei er auch noch so klein. Auch an den Möbeln. Die Angst, die mir der Mauerbau gemacht hat und auch immer noch macht, ist das Gefühl, dass ich nie mehr das wiederkriege, was ich geschaffen habe. Das Haus. Weil die Oberen das unter sich aufgeteilt haben. Ich kann das erst langsam, ganz langsam loslassen. Verstehen Sie das? Wir mussten aus unserem Haus ausziehen, das war 1951. Ich weiß es nicht mehr so genau, jedenfalls kurz danach habe ich uns gleich ein neues Haus gebaut. Darin habe ich von 1962 bis jetzt gewohnt.

Die DDR hat nichts gegeben, die haben das Haus behalten. Es wurde abgerissen von den Russen. Plattgedrückt wie eine Flunder. Die sind mit der Raupe drübergefahren und mit den großen Krangeräten, bis alles vernichtet war. Das war 1961 gewesen. Weil das Haus an der Grenze stand. Unser Gartenzaun, den ich mit meinen eigenen Händen aufgestellt hatte, war die Grenze zum französischen Sektor. Das nenne ich Schicksal.

Die Natur gibt mir immer einen schönen Tag, wenn die Sonne scheint. Das finde ich gut, da frische ich auf, da tanke ich Luft.

Norbert Ramrath, 83 Jahre

Eigentlich habe ich im Leben nie so ganz danebengelangt, fällt mir gerade auf

Tiere mag man, oder man mag sie nicht, glaube ich. Ich war Tiermedizinerin, und das mochte ich. Von Jugend auf wollte ich Tiermedizin studieren. Mein Vater war zwar nicht sehr glücklich über meine Berufswahl, aber dann hat er gesagt, wenn du meinst, bitte sehr. Mein Vater war selbst Tierarzt und mein Großvater auch. Bei uns gab's immer Tiere, Hunde, Schweine, Kaninchen, ich bin also in diese Welt reingeboren. Später habe ich zusammen mit einem Kollegen eine Praxis in Stuttgart aufgemacht. Das ging recht gut, ich hatte weder mit Menschen noch mit Tieren Berührungsängste. Nur zusammengezuckt bin ich oft vor Schrecken über das Verhalten des ein oder anderen Tierbesitzers. Einmal musste ich einen Hund einschläfern, einen Dalmatiner. Als der Hund tot war, meinte der Besitzer, es sei ihm lieber, wenn ich statt des Hundes seinen Sohn eingeschläfert hätte. Menschen können so viel grausamer sein als Tiere, das habe ich über zwanzig Jahre lang tagaus, tagein beobachtet. Und die Ansprüche, die viele an ihre Mitmenschen stellen, der Ton, in dem sie das tun – da hab ich mir oft gedacht: Wie gut, dass ich die Tiere hab. Die haben mir meinen inneren Frieden gerettet.

Meine eigenen Hunde haben mir auch viel geholfen, als mein Mann sehr schlecht dran war. Er hatte ein paar Operationen hinter sich, bei denen sein Intellekt gelitten hatte, und dann ist er bösartig geworden. Man kann sich gar nicht vorstellen, wie ein Mensch sich charakterlich plötzlich so ändern kann. Denn mit meinem Mann hatte ich eigentlich Glück gehabt. Er war liebevoll und hat mich immer machen lassen. Gott sei Dank hatte ich damals eine Pflegerin und meine zwei Hunde. So bin ich wenigstens ein bissl rausgekommen. Auch jetzt, wo ich ein altes Weib geworden bin, komme ich durch die Hunde raus und treffe Leute. Ich kann gut alleine sein, aber manchmal brauche ich Leute. In solchen Momenten denke ich, jetzt könnte auch mal wieder jemand anrufen, und dann ruft niemand an. Man darf sich im Alter nicht zurückziehen. Man muss dann auch mal Verbindungen aufrechterhalten. Ich habe ja auch noch einige Bekannte hier, sogar noch von der Volksschule, weil ich die meiste Zeit meines Lebens am selben Ort gelebt habe. Eigentlich habe ich im Leben nie so ganz danebengelangt, fällt mir gerade auf. Es hat zwar überall Ärger gegeben, also weder im Elternhaus noch in der Ehe war es so, dass wir nur unentwegt gejubelt haben, dass wir beisammen sind, aber das ist alles ganz gut gegangen. Wenn ich Kinder gehabt hätte, hätte ich sie wahrscheinlich genauso verzogen wie meine Hunde, aber vermissen tue ich das nicht. Also resignieren würde ich nur, wenn ich keine Hunde mehr hätte. Da würde ich aus dem Fenster springen. Wenn ich schon sterben muss, wäre es das Schönste, wenn ich einfach so einschlafen würde. So, wie ich unzählige Tiere einfach für immer habe einschlafen lassen. Aber dieser Tod ist den wenigsten Menschen vorbehalten. Nach dem Tod kommt, glaube ich, nichts mehr. Das ist vielleicht auch besser so. Denn wenn ich in den Hundehimmel käme, würden sich vielleicht die Hunde, die ich eingeschläfert habe, an mir rächen. Und dann müsste ich die Flucht ergreifen. Das wäre schade, nach einem normalen Leben mit Höhen und Tiefen.

Gabriele Neudorf, 81 Jahre

Wie gerne hätte ich jetzt noch mehr Zeit gehabt, dich richtig kennenzulernen

Warum wird eigentlich alles immer komplizierter und ernster, je älter man wird? Muss das zwangsläufig so sein? Wo auf dem Lebensweg verliert der Mensch seine Leichtigkeit, seine Lausbubenhaftigkeit, seine Fähigkeit zum Dasein im Hier und Jetzt? Als Kind hat man das doch voll drauf. Man ist sich nur nicht bewusst darüber.

Bis ich hier ins Krankenhaus kam, war ich Bankangestellter bei der JP Morgan Chase Bank in Kalifornien. Verantwortlich für über zwanzig Mitarbeiter im Privatkundenbereich. Da hat sich viel geändert in den letzten zehn Jahren, heute braucht keiner mehr das Gespräch hinter dem Schalter. Trotzdem hat mir der Beruf immer Spaß gemacht und bot ständig neue Herausforderungen. Da mich bisher auch keiner von meinen vielen wechselnden Chefs rausgeschmissen hat, nehme ich an, dass ich einen guten Job gemacht habe.

Zu Hause war das nicht so. Da habe ich keinen guten Job gemacht. Meine Frau hat es alles kommen sehen. Wir hatten schon früh geheiratet, und es war von Anfang an klar, dass wir Kinder haben werden, um die sie sich kümmert. Mit ihrer Mutter- und Hausfrauenrolle hatte sie auch nie ein Problem. Diese Unterordnung hat ihr nie das Gefühl gegeben, minderwertig zu sein.

Gott hat uns drei Söhne geschenkt. Der erste, Adam, starb allerdings, als er fünf Jahre alt war – an einer seltenen Herzkrankheit. Ich glaube, unsere Ehe ist eine der ganz wenigen, die so etwas überlebt hat. Wir sind sofort in Therapie gegangen, das hat geholfen. Jeder von uns hatte ein paar kleine Affären in dieser schweren Zeit. Das hat auch geholfen, denn uns beiden war immer klar, dass wir zusammenbleiben wollen. In so einer Situation aber mal mit jemand anderes zu schlafen, das hatte etwas Entlastendes.

Danach haben wir noch Steven und Tom bekommen, und alles war an der Oberfläche gut. Bis Tom mit einundzwanzig Jahren depressiv wurde. Eines Morgens sah er plötzlich keinen Grund mehr aufzustehen. Dabei war er an einer Elite-Universität, und wir hatten allen Grund, stolz auf ihn zu sein. Er musste in eine Klinik eingeliefert werden, so schlimm war es. Und dann kam auch raus, was los war mit ihm: Er litt unendlich darunter, dass ich immer seinen älteren Bruder Steven bevorzugt habe. Sie müssen wissen: Das stimmt. Ich habe es nur nie bemerkt. Susan hat es mir immer wieder gesagt, also hätte ich es sehr wohl bemerken können. Ich wollte aber nicht. Sie sagte immer: Merkst du nicht, dass du zu Stevens Baseball-Spielen gehst, aber nicht zu denen von Tom? Dass du mit viel Geduld und Ehrgeiz Steven Sport und Spiel beibringst – aber Tom nicht? Dass du Steven mit in die Bank nimmst, ihm erklärst, wie man mit Geld umgeht – aber Tom nicht? Dass du Steven drei Mal im Jahr im College besuchst, aber Tom, wenn überhaupt, nur einmal?

Wenn ich ehrlich bin, lag es daran, dass ich in Steven meinen Ersatzsohn für Adam gesehen habe. Adam war vom Typ her nämlich genauso wie er. Extrovertiert, abenteuerlustig, smart. Ich gab mich der Vorstellung hin, dass Adam in Steven weiterleben würde. Ich habe meinen verstorbenen Sohn also nie loslassen können. Obwohl mir mein Therapeut immer wieder gesagt hat, wie wichtig das ist. Nicht nur für meinen Frieden, sondern auch für Steven. Dem habe ich damit eine große Hypothek aufgelastet. Und Tom habe ich als den wunderbaren jungen Mann, der er inzwischen geworden ist, nie sehen können. Ich weiß gar nicht so richtig, wer er ist, was er denkt und fühlt.

@ Tom: Wie gerne hätte ich jetzt noch mehr Zeit gehabt, dich richtig kennenzulernen. Aber jetzt ist es zu spät, ich bin sterbenskrank. Trotzdem bin ich sehr froh, dass ich das wenigstens alles noch verstanden habe vor meinem Tod. Und dass du weißt, dass ich weiß, welchen großen Fehler ich gemacht habe. Bitte glaube mir: Ich habe es nicht absichtlich gemacht. Ich liebe dich genauso, wie ich Steven liebe. Wenn du selber mal Kinder haben solltest, dann wirst du sehen: Alles kann passieren, alles kann aus dem Ruder gehen. Von einem Tag auf den anderen. Ohne, dass man es merkt. Oder besser gesagt: merken möchte. Im nächsten Leben mache ich es besser.

Richard Dennett, 58 Jahre, Bauchspeicheldrüsenkrebs
verstorben im Mai 201*

Entweder die Liebe ist gleich da oder nie

Wenn ich jetzt so zurückdenke, habe ich nie die Männer bekommen, die ich wollte. Und die, die ich hätte haben können, wollte ich nicht. Das mit der Liebe ist schon ein komisches Spiel. Ich wollte nie einsehen, dass es dabei um Kräftemessen geht. Nicht nur um Gefühle. Derjenige, der mehr liebt, hat das Nachsehen. Erst Mitte dreißig habe ich meine große Liebe kennengelernt. Robert hieß er. Das war während meiner Ausbildung zur Arzthelferin. Er war Patient in unserer Praxis, und ich habe schnell gemerkt, dass er öfter kam, als es für seine Gesundheit notwendig gewesen wäre. Er wollte mich sehen. Ich habe ihm dann Blut abgenommen, und dabei sind wir ins Gespräch gekommen. Er war ganz offensichtlich interessiert an mir, stellte mir Fragen, was ich über das Leben denke, was ich mal werden möchte, ob ich Kinder haben möchte. Und ich dachte daraufhin: Das ist er. Er interessiert sich wirklich für mich.

Am Anfang unserer Liebesbeziehung war es alles so schön. Wir waren beide gleich stark verliebt ineinander, wurden schnell vertraut. Dann musste er auf eine längere Geschäftsreise gehen. Er war damals Pharmavertreter. Und nachdem er wiederkam, hatte er plötzlich nur noch selten Zeit für mich. Obwohl er in seinen Mails immer die schönsten Liebeserklärungen geschrieben hat. Aber nach seiner Rückkehr ging immer etwas Berufliches vor. Er hat auch nie einen Termin verschoben, sodass wir uns hätten sehen können. Er hat auch nie gefragt, wann wir uns sehen können. Immer musste ich nach einem neuen Treffen fragen. Dann hat die Entfremdung eingesetzt. Vertrautheit und Nähe brauchen Nahrung, und diese Nahrung können nicht geschriebene oder gesprochene Worte sein. Diese Nahrung besteht aus Berührung, Blicken, Gesten und gemeinsamen Momenten. Man kann sie nur persönlich füttern, die Liebe. Als ich ihm das gesagt habe, hat er dann nur gemeint, er möchte frei bleiben.

Also wurde wieder nichts aus meiner Sehnsucht nach Liebe. Es hat lange gebraucht, bis ich über Robert hinweggekommen bin. Meine Freundin Laura hat immer gesagt, dass man sich nicht ohne Grund bestimmte Männer aussucht. Und nur, wenn ich mit meinem Muster brechen würde, und mir nicht mehr diese unnahbaren Typen ausgucken würde, werde ich eines Tages glücklich. Dieser Tag ist leider bis heute nicht gekommen, und jetzt ist es zu spät. Wer weiß, vielleicht hätte ich diesen Kerlen eine Chance geben sollen, die ich immer schon am Anfang abgewiesen habe, weil sie zu unattraktiv, zu langweilig oder zu anders waren. Da war Frank, ein Schulfreund. Wir haben zusammen die mittlere Reife gemacht. Er war immer nachmittags da, hat alles für mich gemacht, von den Hausaufgaben über das Ausmisten des Pferdestalls auf meinem elterlichen Reiterhof bis zur Neubepflanzung meines Balkons. So ein typischer Fall von einem Mann, in den sich eine Frau nicht verliebt, weil er zu nett ist. Weil er nie einer Fliege etwas antun würde. Er hat mir nie gesagt, dass er mich mag, aber ich wusste es. Denn warum sonst wäre er bereit gewesen, das alles für mich zu tun?

Als ich mit Ende dreißig immer noch keinen Mann gefunden hatte, habe ich kurz überlegt, ob ich auf Frank zugehen und ihn fragen sollte, ob wir nicht einfach den Rest des Lebens gemeinsam verbringen sollen. In platonischer Wohngemeinschaft. Das wäre doch immer noch besser, als alleine zu blei ben. Irgendwie habe ich es mich dann aber doch nicht getraut, denn bei längerem Nachdenken hatte ich das Gefühl, dass ich ihn dann ausnutzen würde. Denn verliebt war ich nie in ihn, und so was entwickelt sich auch nicht. Entweder die Liebe ist gleich da oder nie.

Sonst möchte ich nichts erzählen aus meinem Leben, weil mir nichts so wichtig ist wie die Liebe. Ich war zeit meines Lebens auf der Suche nach ihr. Habe unzählige Liebesromane gelesen, Liebesfilme gesehen, Partnerschaftseignungstests in Zeitschriften gemacht, ernst gemeinte Bildzuschriften losgeschickt und natürlich auch Onlinedating gemacht, als das Internet kam. Tja, es hat wohl nicht sollen sein, mit mir und der Liebe. Schade.

Karin Festlich, 67 Jahre, Tumoren
verstorben im April 201*

Ich bin immer schon ein romantischer Mensch gewesen und auf der Suche nach meiner wahren Bestimmung

Ich arbeite in einem Kaufhaus in der Schmuckabteilung. Erst war ich bei Karstadt, und als die zugemacht haben, bin ich zu Galeria Kaufhof gewechselt. Die gibt es ja hoffentlich noch eine Weile. Manchmal gehe ich vertretungsweise auch rüber zu den Uhren. Die Schmuckabteilung ist in den Kaufhäusern ja immer im Erdgeschoss, und das mag ich an meinem Job. Denn dann kann ich den ganzen Tag die Leute beobachten, die rein- und rausgehen. Ich mache immer so ein Spiel und frage mich, was die wohl kaufen werden. Beim Schmuck ist mal mehr, mal weniger los. Meistens natürlich Frauen, die etwas für eine Party oder als Konfirmationsgeschenk brauchen. Zuerst frage ich immer: »Wie viel Geld wollen Sie ausgeben?«, denn wenn ich das weiß, dann weiß ich auch gleich, was ich anbieten kann. Einmal war ein Mann da, der eine echte Perlenkette für seine neue Freundin kaufen wollte. Sie war mitgekommen, und die waren total verliebt. Er war bereit, jede Summe für diese Kette auszugeben. Damit die Freundin wüsste, wie viel sie ihm wert ist. Da bin ich ganz neidisch geworden. Mir hat nie jemand ein Geschenk gemacht, das in seine Geldbörse ein Loch gerissen hätte. Obwohl ich dieses Loch durch meine Liebe hätte auffüllen können.

Ich bin immer schon ein romantischer Mensch gewesen. Und auf der Suche nach meiner wahren Bestimmung. Die habe ich nämlich bei meinen Eltern nicht gefunden, und bei Freunden auch nicht. Lange Jahre bin ich zu verschiedenen

Kartenlegerinnen gegangen. Das hat aber dann nie gestimmt, was die mir vorausgesagt haben. Zum Beispiel, dass ich einen Autounfall haben würde. Oder dass ich einen Knoten in der Brust bekommen würde. Auf beides kann ich natürlich verzichten, aber darum geht es ja nicht. Es geht darum, ob es stimmt, was die sagen. Ich bin sehr esoterisch drauf. In einer Anzeige habe ich dann von den Engeln gelesen. Dass die mir Antwort geben würden. Seitdem glaube ich an spirituelle Beratung mit Medium. Dafür gebe ich auch das meiste Geld aus. Petra, meine Freundin, mag das gar nicht. Ihr ist das unheimlich, sie sagt immer, das wäre doch totaler Humbug und nichts anderes als Geldschneiderei. Deswegen hätten wir uns beinahe auch schon mal getrennt. Weil sie mich nicht für voll nimmt, was die Engel anbelangt, und ich mich deswegen verletzt gefühlt habe. Und weil sie sich von mir betrogen gefühlt hat, weil ich ihr das jahrelang verschwiegen habe. Ich hatte nämlich Angst, dass sie mich auslachen würde. Und dann hat sie eines Tages ein Buch unter meinem Bett gefunden. Es heißt »Der Engel-Ratgeber. In jeder Lebenslage Schutz, Beistand und Trost durch die himmlischen Wesen finden«. Ich werde nie vergessen, wie sie es mir unter die Nase gehalten hat, als ich von der Arbeit nach Hause kam. Sag mal, hast du sie noch alle?, war ihr Kommentar.

Unsere Liebe ist aber so stark, dass sie das ausgehalten hat. Und solange die Engel mir sagen würden, dass sie die Richtige für mich ist, wäre es ja noch akzeptabel, sagt Petra. Wenn die Engel mich aber auf eine andere Fährte bringen würden, dann könnte sie sich schon eine Trennung vorstellen. Das sagt sie auch. Na ja, wir werden ja sehen.

Mein Medium Sarah kam mich jetzt schon mehrmals im Krankenhaus besuchen. Hier liege ich seit einiger Zeit mit Krebs. Das haben mir die Engel nicht gesagt, zumindest nicht so direkt. Das soll also meine wahre Bestimmung sein. Am

Anfang konnte ich es nicht glauben, aber man gewöhnt sich an den Gedanken, Krebs zu haben. Über das Sterben möchte ich aber lieber nicht nachdenken. Vielleicht komme ich ja bald wieder hier raus und werde wieder gesund. Obwohl der Arzt mir da nicht viel Hoffnung macht. Dafür tun das die Engel. Auf ihre Hilfe kann ich nämlich jederzeit hoffen. Diese Erfahrung habe ich ja schon öfters gemacht. Ich sag's doch, Petra. Aber was auch immer passiert, ich liebe dich.

Anja Schneider, 51 Jahre
verstorben im April 201*

Wie sehr habe ich mir die Anerkennung meines Vaters gewünscht

Als ich mich noch bewegen konnte, bin ich jeden Freitagmorgen an das Grab meines Vaters gegangen. Freitagmorgen ist eine gute Zeit für einen Friedhofsbesuch, weil dann so gut wie keine Leute da sind. Wahrscheinlich machen die alle ihre Besorgungen fürs Wochenende, gehen zum Friseur und danach auf den Markt. Man sieht nur noch Rentner auf dem Friedhof, Kinder habe ich in all den Jahren nie gesehen. Jedenfalls stand ich elf Jahre lang am Grab meines Vaters und fragte ihn Woche für Woche, warum er mir zu Lebzeiten nie gesagt hat, dass er stolz auf mich gewesen ist. Diese Frage beschäftigt mich so sehr, dass ich sie am Grab laut ausgesprochen habe. Dreimal hintereinander. Das hatte therapeutische Wirkung. Deswegen war es mir auch wichtig, dass ich zumindest im Umkreis von mehreren Grabreihen alleine mit ihm bin. Danach ging es mir etwas besser. Auch wenn er nicht mehr antworten kann, so tat es mir doch gut, seinen Grabstein laut anzusprechen.

Dass er stolz auf mich gewesen ist, das weiß ich nur von meiner Mutter. Die hat es mir aber auch erst gesagt, nachdem er tot war. Ich war Oberstudienrat am städtischen Gymnasium, meine Unterrichtsfächer waren Mathematik und Physik. Mein Vater war Grundschullehrer, auch für Mathematik. Die Neigung zu diesem Beruf habe ich also ganz klar von ihm geerbt. Aber ich bin weitergekommen als er. Und ich vermute, dass er das nicht gut ertragen konnte, dass sein Sohn eine höhere Position als er im selben Beruf erreicht hat. Vielleicht war er sogar ein wenig eifersüchtig auf mich. Meiner Mutter hat er ja angeblich immer mal wieder gesagt, dass er stolz sei auf mich, aber eigentlich glaube ich das gar nicht so richtig. Denn er hat sich immer genau gegenteilig verhalten. In Gedanken gehe ich all die Jahre durch, in denen wir uns gesehen haben. Jetzt, wo ich selber im Sterben liege, habe ich ja auch viel Zeit dazu. Und ich merke, wie sehr es mich immer noch beschäftigt.

Er hat mir nicht zum Lehrerexamen gratuliert, hat nie an einer Schulfeier teilgenommen, selbst wenn es nur das Sommerfest war. Er hat nie etwas Anerkennendes gesagt, auch nichts Kritisches, er hat gar nichts gesagt. Nichts über die Wahl meiner Frau, nichts über Lehrmethoden im Unterricht, nichts über mathematische Formeln oder über Schulpolitik, nichts über die Verdienstmöglichkeiten im öffentlichen Sektor. Das hat mich manchmal zum Verzweifeln gebracht. Wie kann man ohne jede Haltung zu irgendetwas durchs Leben gehen? Vielleicht hatte er aber doch eine Meinung und hat sie nur mir gegenüber nicht kundgetan. Ich habe dann auch viele seiner Freunde gefragt, alle haben immer gesagt, ach, der Heinz, von dem wissen wir auch nicht, was er denkt. Der zieht einfach seine Sache durch.

Wie sehr habe ich mir die Anerkennung meines Vaters gewünscht. Im Rückblick wird mir klar, dass dieser unerfüllte Wunsch für mich das Wichtigste war. Es konnte mir auch kein anderer helfen, das wird mir auch erst jetzt klar. Es gibt keinen Ersatz für Vaterstolz. Zwar war ich, glaube ich, ziemlich beliebt bei meinen Schülern. Und auch von meiner Frau habe ich mich fast immer geliebt gefühlt. Aber bei meinem Vater, da wusste ich nie, woran ich bin. Jetzt bereue ich, dass ich mich nie getraut habe, ihn darauf anzusprechen. Ich hätte ihn ja fragen können: Papa, findest du es eigentlich gut, dass ich auch Lehrer geworden bin? Oder ganz direkt: Bist du eigentlich stolz auf deinen Sohn? Aber dazu hatte ich nie den Mut.

Aus Angst davor, in dieser für mich unendlich wichtigen Frage keine Antwort zu bekommen. Wie bei allen anderen Fragen auch. Deswegen ist es für mich so gut gewesen, das nachzuholen und ihn das auf dem Friedhof zu fragen. Ein Grabstein antwortet nicht, da musste ich also auch nie Angst vor einer schmerzenden Antwort haben.

Und dann gab es auch die Jahre, in denen ich mir vorgemacht habe, dass mir der Respekt und der Stolz meines Vaters nicht wichtig seien. In Wahrheit war es mir aber wichtig. Wenigstens habe ich das geklärt, bevor ich sterbe. Wir haben keine Kinder, denen ich hätte sagen können, dass ich stolz auf sie bin. Wenn wir aber welche gehabt hätten, dann hätte ich ihnen das regelmäßig gesagt. Jeden Freitagmorgen.

Jürgen Maringer, 62 Jahre, Leukämie
verstorben im Dezember 201*

Man sollte nicht nachfragen, warum, sondern besser sagen, das ist Schicksal

Bei mir im Leben gab es keine Hochs, aber auch keine Tiefs. Also umarmen wollte ich die Welt noch nie, aber da war auch nichts Supertrauriges. Meine Geschwister heißen eher Pech und Unglück. Ich war fünfundvierzig Jahre berufstätig und zog nach der Pensionierung in eine schöne, kleine Wohnung. Extra mit Zentralheizung, damit ich keine Kohlen mehr schleppen musste. Ich dachte mir, jetzt machst du dir einen richtig schönen Lebensabend, du bist gesund und hast gut gespart. Wegen einer Routineuntersuchung ging ich zum Arzt, und der sagte, da seien Schatten auf der Leber, ich hätte Leberkrebs. Wir haben früher immer so dumm gesprochen, es steht alles im Goldenen Buch, was einem passiert. Aber so ist es, man kann planen – und dann kommt alles anders.

Ich gehe jetzt jeden Sonntag in die Kirche. Aber nicht weil ich in der Krebssituation an den lieben Gott denke, das ist sowieso alles vorbei, sondern weil die Pastorin so nett ist. Die redet nicht vom Himmel und vom lieben Gott, sondern sie spricht davon, wie man die Krankheit durchhält und wie man sich damit abfindet. Man sollte nicht nachfragen, warum, sondern besser sagen, das ist Schicksal. Das stimmt. Bloß, die anderen, die da sitzen, sind alle achtzig und neunzig Jahre und ich bin einundsiebzig. Also, das Einzige, was mir wirklich fehlt, wären noch sechs schöne, freie Jahre, die hätte ich gerne noch gehabt. Vielleicht erhole ich mich ja auch und komme noch mal hier raus.

Dann würde ich wieder mit meinen schönen Spaziergängen durch Berlin anfangen. Bisschen rausfahren, bisschen bummeln, mal schön essen gehen. Nichts Aufregendes, einfach mein ruhiges, normales Leben weiterführen. Und ich könnte wieder frei sein. Das Umfeld hier im Heim ist schon schön, aber du bist nicht selbstständig. Hier wird ja alles geplant für dich. Und das bin ich nicht gewohnt, ich habe fünfzig Jahre alleine gelebt.

Ich konnte gut alleine leben, schon als Kind habe ich nie von einem Mann oder von Kindern geträumt. Das war bei mir auch nicht realisierbar, ich bin immer an die falschen Männer gekommen. Der eine war ein Trinker, der andere ein Blender, und der dritte hatte Schulden bis zum Gehtnichtmehr. Ich war zwar mal verlobt, aber ich hab dann gedacht, das mach ich nicht mit, so ein Leben. Wenn jeder nur seins macht und keiner weiß was vom anderen, das ist doch keine Ehe. Ab dreißig habe ich mir das Verliebtsein abgewöhnt, ich bin sowieso eher ein Kopfmensch. Solche Jubelstürme wie andere, die dann sagen, hach, heute bin ich aber happy, kenne ich also gar nicht. Auf der anderen Seite aber auch keine Dispute und Trennungen. Ich hatte nie den Eindruck, irgendwas versäumt zu haben. Im Bekanntenkreis habe ich die Scheidungen mitgekriegt, und hier sehe ich, dass nur die wenigsten von ihren Kindern besucht werden.

Mein Bruder kommt auch manchmal mit seinen Kindern, dabei sag ich immer, lass das, ich brauche das eigentlich gar nicht. Wenn sie dann wieder nach Hause in ihre Wohnung gehen, ist das nämlich wieder etwas, das ich nicht kann. Und das stört mich. Aber vielleicht bin ich ja doch noch nicht auf dem letzten Schiff und ziehe noch mal in eine eigene Wohnung. Meine monatliche Rente würde auch reichen, und das Geld von meiner Sterbeversicherung würde wachsen. Vor drei Jahren hatte ich sie für mein Urnenbegräbnis abgeschlossen. Sobald ich gestorben bin, kriegt derjenige, der mich unter die Erde bringt, die dreitausend Euro. Wo und wie sie mich dann begraben, ist mir egal. Auf dem Friedhof, im Wald, wo sie Platz haben.

Nicht egal ist mir, wie es jetzt mit mir weitergeht. Vielleicht ist es ja doch kein Leberkrebs, denn ich verstehe nicht, warum ich das Essen nicht mehr halten kann, obwohl mein Magen vollkommen in Ordnung ist. Das könnte etwas anderes sein. Ich möchte noch mal rausfahren und das machen, was ich will. So wie ich es in der Rente gemacht habe. Man kann ja träumen.

Katharina Zeller, 71 Jahre, Leberkrebs

Wenn ich mir so ansehe, wie das Leben von anderen verläuft, dann hatte ich doch großes Glück

Ja, ich bin im Großen und Ganzen zufrieden mit dem, was ich erschaffen habe. Vor allem bin ich froh, dass ich nie Schulden gemacht habe. Und wenn, dann habe ich den Kredit immer in Raten und pünktlich abbezahlt. Als Lotte eine neue Waschmaschine haben wollte, als wir ein Auto gekauft haben und einmal auch eine neue Wohnzimmergarnitur: Immer habe ich die Raten am Monatsende überwiesen. Mit dem Geld sind wir immer irgendwie hingekommen. Was ich erschaffen habe und jetzt hinterlasse, das sind eine Gartenlaube und ein Zirkuswagen. Beides habe ich selber zusammengebaut. Im Zirkuswagen habe ich mit den Kindern gespielt, als sie noch klein waren. Ich war immer der Clown, und die Kinder waren der Tiger oder der Elefant. Ach, das waren noch Zeiten. Alles so unbeschwert und leicht. Wisst ihr noch? Wir haben viel gelacht. Ihr habt allerdings auch genau gemerkt, wenn ich nicht so gut drauf war. Obwohl ich das als Clown ja immer gut kaschieren konnte. Ihr habt es aber trotzdem durch meine rote Nase hindurch gemerkt, die ich mir immer aufgesetzt habe. Zum Beispiel als ich meine Arbeit verloren hatte. Das ist mir nur einmal passiert, dass man mir gekündigt hat. Ich war Hotelangestellter im Hilton. Dort habe ich im Service gearbeitet. Über viele Jahre hatte ich einen Stammkunden aus Amerika, der mir immer ein bisschen Geld zugesteckt hat, damit ich ihm ein bestimmtes Zimmer besorge. Das wiederum habe ich hingekriegt, weil ich ein ganz gutes Verhältnis zu der Reservierung hatte. Wir haben immer geflirtet, aber mehr war da nicht. Irgendjemand hat mich dann nach ein paar Jahren verpfiffen, ich weiß bis heute nicht, wer. Und dann flog ich raus.

Das war bitter. Denn von dem Geld habe ich den Zirkuswagen und die Gartenlaube gebaut, und Lotte war immer ganz stolz auf mich, weil ich so ein guter Vater war, der den Kindern etwas Kreatives bietet. Zuerst habe ich ihr von meiner Kündigung nichts erzählt, weil ich mich so geschämt hatte. Denn ich musste ja die Hosen runterlassen, dass ich von meinem Monatsgehalt im Hotel die ganzen Sachen gar nicht alle habe bezahlen können. Und ich wollte, dass sie stolz auf mich ist. Das war mir immer das Wichtigste. Also bin ich dann eine Weile auf den Bau gegangen und habe dort gearbeitet. Lotte dachte, ich sei im Hotel.

Dann habe ich mich auf eine Stelle im Marriott beworben, und dort wurde ich glücklicherweise auch genommen. Zwar nicht mehr im Service, aber Hauptsache wieder in Lohn und Brot. Jetzt weißt du's, Lotte, warum ich gewechselt habe. Ich kann es dir einfach auf keinem anderen Weg sagen. Du hast dich ja immer gewundert, warum ich ins Marriott gegangen bin. Und auch, warum ich dir keinen Wäschetrockner kaufen konnte, den du dir so gewünscht hast. Wenn du mir eine Waschmaschine kaufen und in Raten abbezahlen konntest, warum dann nicht auch einen Trockner?, höre ich dich immer wieder fragen, jetzt, wo ich hier liege.

Was ich also hinterlassen möchte, auch für Manuela und Markus: Kleine Geheimnisse sind total okay, die hat jeder im Leben, und die braucht auch jeder. Aber macht keine krummen Sachen. Stehlt nichts und nehmt kein Geld von Leuten an, die dafür irgendwas von euch wollen. Es lohnt sich nicht. Das sieht man ja an meiner Geschichte. Sonst habe ich euch aber nie was verschwiegen, und das gibt mir ein ruhiges Gewissen. Ich bin zufrieden mit dem, was war. Und wenn ich mir so ansehe, wie das Leben von anderen verläuft, dann hatte ich doch großes Glück.

Ein paar mehr Freunde hätte ich gerne gehabt. Durch meine Arbeit habe ich zwar ein paar sehr nette Leute kennengelernt, aber daraus sind nie Freundschaften entstanden. Man hat sich ein paar Mal getroffen, aber dann haben sich entweder die Frauen nicht verstanden oder es gab auf irgendeiner Seite kein Interesse mehr. Na ja, man kann halt nicht alles haben.

Ich kann offenbar kein langes Leben haben. Das kann ich mir zwar nicht richtig vorstellen, aber wenn es doch so kommen sollte, dass es mich vom einen auf den nächsten Tag einfach nicht mehr gibt, dann legt mir bitte die rote Clownsnase mit ins Grab. Ihr könnt sie mir auch auf die Nase setzen. Ich möchte dann, dass ihr mich mit einem lachenden und einem weinenden Auge verabschiedet. Ja, dieser Gedanke, der hat etwas Tröstliches, für mich und bitte auch für euch.

Dieter Kronbauer, 55 Jahre, Magenkrebs
verstorben im Februar 201*

Du musst dich für das Leben entscheiden

Ich liebe meinen Rollator. Mit dem kann man nämlich sehr viel anfangen. Er ist Einkaufswagen, Kinderwagen, Stuhl, Schirmständer und Kofferkuli in einem. Viel besser als jedes Auto. Damit gehe ich jeden Tag am Strand spazieren, an der Westküste Amerikas. Hier bin ich nur gelandet, weil ich meinem damaligen Mann gefolgt bin. Der wohnt jetzt um die Ecke und ist mit jemandem anderes verheiratet, aber das stört mich nicht. Alles ist fein. Vorher haben wir elf Jahre auf Hawaii gelebt. Das war vielleicht schön! Wir haben Marihuana im Garten angepflanzt. Ich liebe dieses Zeug. *It makes you feel so good.* Es ist auch das beste Schmerzmittel der Welt. Meinen Töchtern habe ich es immer gegen Monatsschmerzen gegeben, und auch mich beruhigt es auf göttliche Weise mit meinem Krebs. Außerdem hilft es, Tränen über was auch immer zu trocknen.

Wenn du Marihuana pflanzst, dann musst du aufpassen, dass die Pflanzen nicht zu sehr in die Höhe schießen. Lieber schön flach halten und weit auseinander in die Erde stecken. Denn die Polizei riecht das. Die kommt mit Geruchsdetektoren von oben. Einmal sind sie zu uns nach Hause gekommen und haben die Pflanzen rausgerissen und mitgenommen. Sonst ist nichts passiert. Ich bin mir sicher, dass die sich damit zu Hause dann feine Joints gedreht haben. Kein Problem. Wir haben gleich wieder neue reingesteckt.

Der erste Freund meiner Tochter, den sie heiraten wollte, ist auf tragische Weise ums Leben gekommen. Er war Lichtinstallateur und hatte an einem großen Mast gearbeitet, als der umfiel. Er war sofort tot. Manchmal ist uns gar nicht bewusst, wie gefährlich das Leben sein kann. Es hätte sicher nichts geholfen, wenn seine Eltern oder auch meine Tochter zu ihm gesagt hätten: Wechsele deinen Job, der ist zu gefährlich, dabei kannst du draufgehen. Er hätte ganz bestimmt nicht auf sie gehört.

Unsere Kinder müssen ihre eigenen Erfahrungen machen. Wir können sie vor nichts wirklich schützen. Sie verstehen vielleicht im Kopf, was wir ihnen sagen, all diese genauso ängstlichen wie liebevollen Ratschläge wie »pass hier auf« und »tue dies nicht, denn dann könnte das passieren«. Aber die Wahrheit ist doch, dass sie alles selber lernen müssen. Im Grunde genommen können wir unseren Kindern nichts über das Leben beibringen und sie vor keinem Schmerz schützen.

Neulich hat meine andere Tochter ein Facelifting machen lassen. Sie ist Anfang vierzig. Ich habe sie gefragt: Warum um Himmels willen hast du das gemacht? Schau doch mich an mit all meinen Falten. Was soll an denen falsch sein? Dass die heutigen Frauen sich so alterslos machen, das wird ihnen noch ganz schön Probleme bereiten. Weil das äußere und das innere Alter immer weiter auseinanderklaffen. Aber hey, warum mache ich mir Gedanken um die anderen. Das werden sie schon selbst sehen.

Nach meiner zweiten Ehe hatte ich Matthew, er war ein wunderbarer Zeitgenosse. Wir haben fantastische Fahrradtouren gemacht, die ganze Küste runter, dann hatten wir ein Auto, danach sogar einen Van. Wir hatten eine super Zeit zusammen. Bis er starb, auch an Krebs. Wir kamen von einer Reise zurück, er hatte Schmerzen an der Wirbelsäule, dort saß der tödliche Tumor. Matthew wollte aber auch gehen, er war so weit. Die einzige schmerzhafte Erinnerung, die ich im Zusammenhang mit seinem Sterben habe, ist die, dass ich ihm hätte mehr zu trinken geben sollen. Er wollte nichts mehr essen, aber er wollte trinken. Ich hätte ihm öfter die Wasserschale reichen sollen.

Bei den einschneidenden Ereignissen, die im Leben so passieren, weiß man ja immer erst im Nachhinein, wofür es gut war. Dass alles, ganz gleich was, sich irgendwann für irgendetwas als richtig erweist – da bin ich mir sicher. Ich habe mich allerdings oft gefragt, warum wir das immer erst im Rückblick erkennen. Warum geht es nicht vorher, warum nicht in dem Moment, in dem es passiert? Nun, so ist es halt, das Leben. Du musst dich für das Leben entscheiden. Dann ist alles okay. Egal, was dir widerfährt.

Bitte notiere noch Folgendes: Nachdem mein Körper gegangen sein wird, möchte ich weder in einer Urne noch in einem Sarg verbleiben. Mir widerstrebt der Gedanke, in ein Behältnis gesteckt zu werden. Verbrennt mich und verstreut meine Asche im Pazifischen Ozean. Ja, so ist es richtig für mich.

Linda Goldberg, 75 Jahre, Magenkrebs

Ich fühle mich schuldig

Schuldgefühle sind die schlimmsten aller Gefühle, denn man wird sie nie wieder los. Wenn man sich verliebt, ist es mit der Liebe irgendwann vorbei, und wenn man jemanden hasst, dann kann daraus irgendwann Gleichgültigkeit werden und der gehasste Mensch wird egal. Aber bei Schuld ist das anders. Dieses Gefühl nimmt das Gewissen in Geiselhaft, und zwar für immer. Ich fühle mich schuldig. Ich habe meinem Sohn Lukas immer verschwiegen, dass er von mir und meiner Frau adoptiert ist. Und als er es mit dreiundzwanzig Jahren durch einen blöden Zufall herausgefunden hat, hat er sich umgebracht. Einen entsprechenden Abschiedsbrief hatte er mir in die Aktentasche gelegt. Es hatte eine Weile gedauert, bis ich ihn entdeckte, denn normalerweise schaue ich nie in das Fach mit dem Reißverschluss, obwohl ich diese Aktentasche seit über zwanzig Jahren jeden Tag mit mir herumtrage. Jetzt trage ich nur noch Schuld mit mir herum. In den Wochen, bis ich den Brief entdeckte, war mein Schmerz unendlich groß. Aber Regine und ich hatten Interpretationsspielraum bei der Frage nach dem Warum. War es wegen der Schule, wo er keine Freunde fand? Weil er immer schlechte Noten mit nach Hause brachte – wenn er sie überhaupt nach Hause brachte? Weil ich zu streng mit ihm war? Zu viel von ihm verlangte? Als ich dann den Brief fand, wurde der Schmerz unerträglich und die Schuld kam hinzu. Wie wenig Achtung kann man vor einem Menschenkind haben, wenn man dessen Seele absichtlich auf Sand baut, stand dort mit einem dicken Fragezeichen versehen drin. Mit der Rechtschreibung hatte Lukas immer Schwierigkeiten, aber dieser Brief war hundert Prozent fehlerfrei.

Tja, dann haben Regine und ich eine Therapie angefangen, aber der Therapeut konnte mir die Schuldgefühle auch nicht nehmen. Am schlimmsten ist, dass ich Lukas nicht mehr erklären konnte, warum wir es ihm nicht gesagt haben. Und dass das nie etwas mit unserer uneingeschränkten Liebe für ihn zu tun hatte, sondern nur mit uns, vor allem mit mir. Ich kann nur allen Eltern, die ihre Kinder adoptiert haben oder noch adoptieren werden, dazu raten, es ihnen beizeiten zu sagen. Denn mein Leben ist seither kaputt, am Ende. Wenn man so viel Schuld auf sich geladen hat, dass man einen anderen Menschen in den freiwilligen Tod treibt, dann ist alles vorbei, wirklich alles. Ich kann mich auch nicht damit trösten, dass ich das natürlich nicht wollte. Es kann mich ja auch niemand mehr ent-schuldigen, mich freisprechen. Das könnte nur mein Sohn. Daher ist es die gerechte Strafe, dass ich jetzt auch sterben werde. Und ich möchte so gerne glauben, dass ich mich dem Lukas im Himmel noch einmal erklären kann. Ich glaube an Seelenwanderung. Irgendwo auf dieser Ebene werde ich dem Lukas alles erklären können. Manchmal glaube ich das, und dann tritt manchmal für einen ganz kleinen Augenblick Hoffnung ein, die mich am Leben hält.

Alles andere aus meinem Leben ist angesichts dieser Sache nicht wirklich erzählenswert. Ich habe Schwertransporter gefahren, immer unfallfrei. Es war anstrengend, vor allem nachts. Und im Winter war es auf den Rastplätzen saukalt. Ich wollte, dass aus Lukas etwas Besseres wird. Dass er studiert, Ingenieur oder so was wird. Kinder zeugen kann, die ich nicht zeugen konnte. Ich habe mir immer vorgemacht, dass er meiner ist. Es fällt mir sehr schwer, mich selber mit meiner Schuld anzunehmen. Die reden doch immer alle davon, dass man lernen muss, sich selber und die Dinge um einen herum anzunehmen und so. Das ist sehr schwer für mich.

Ja, wir hatten auch schöne Jahre. Als Lukas noch klein war. Dann waren wir am Wochenende immer im Schrebergarten auf dem Land und haben Fußball im Garten gespielt. Na ja, Garten konnte man das nicht wirklich nennen, eher ein großes Beet mit Rasen. Regine war immer sauer, wenn wir beim Spiel die Margeriten und Erdbeerpflänzchen zertreten haben und sie von vorne anfangen musste mit ihrer Arbeit draußen. Das waren noch Probleme. Wie gerne hätte ich solche Probleme wieder. Ich könnte Regine um Verzeihung bitten, und die Sache wäre vorbei.

Manfred Weigel, 61 Jahre, Leberkrebs
verstorben im April 201*

Wenn ich an Stefan und an Gott denke, fühle ich mich nicht klein, und dann habe ich auch keine Angst

Ich fühle mich klein, und ich habe Angst. Das war schon immer so in meinem Leben, nicht erst jetzt. Leider habe ich es nie wirklich geschafft, dieses Minderwertigkeitsgefühl loszuwerden, obwohl ich viel dafür getan habe, es abzuschütteln. Und obwohl ich trotz meines Mankos sehr geliebt werde und mein Leben deswegen viel ärmer sein könnte. Es war wie ein Wunder.

Jahrelang war ich ohne Partner, auch als Jugendliche hatte ich nie einen Freund. Bis ich neununddreißig Jahre alt war, wusste ich nicht, wie es ist, begehrt zu werden. Im Bibelkreis in der evangelischen Kirchengemeinde habe ich einen Mann kennengelernt, dem ich gefiel. Er war der erste und einzige Mann in meinem Leben. Unser Bibelkreis ist immer dienstagnachmittag, um 17 Uhr. Einer liest eine Stelle vor, die er ausgesucht hat, und dann reden wir alle zusammen drüber, danach gibt es ein stilles Gebet. Es war ein Jahr lang nie aufgefallen, dass ich zwar immer da war, aber nie mal selber was aus der Bibel vorgelesen habe. Ich habe immer nur geschwiegen. Weil ich stottere. Mit diesem Sprechfehler war ich schon als kleines Kind ausgestattet. Etliche logopädische Sitzungen haben nicht wirklich etwas verbessern können, nur manchmal. Es läge an meinem mangelnden Selbstbewusstsein, an meiner Angst, die ich einfach nicht überwinden könne, wurde meinen Eltern gesagt. Nicht an meiner Intelligenz oder an meiner Unfähigkeit zu lernen. Stimmt ja auch.

An einem Dienstag im Bibelkreis sprach mich dann plötzlich Stefan an und fragte, wie ich diesen Psalm fände. Ich lief total rot an im Gesicht, bekam rote Flecken am Hals und brachte kein Wort heraus. Es war schrecklich peinlich, alle schauten auf mich. Als die Runde vorbei war, steckte mir Stefan beim Gehen einen Zettel zu, auf dem stand: Gehen wir mal einen Kaffee trinken? Ich würde dich gerne besser kennenlernen. Ich nickte ihm zu.

Seit zwölf Jahren sind wir glücklich verheiratet, und das Schönste ist, ich darf stottern, wie ich will. Vor allem Wörter, die mit A oder K beginnen, kriege ich nur langsam raus. Stefan hört mir so lange zu, bis ich ausgesprochen habe. Wenn ich mir überlege, wie wenig den Menschen zugehört wird, die keinen Sprachfehler haben und flüssig und schnell reden, dann ist das doch ein riesengroßer Liebesbeweis, oder?

Allerdings fühle ich mich nur sicher, wenn ich zu Hause bin. Natürlich habe ich mir eine Arbeit gesucht, bei der ich nicht sprechen muss. Ich mache seit fünfzehn Jahren Lektorate für einen Wissenschaftsverlag. Bei dieser Arbeit kann man alles aufschreiben, es muss nichts gesprochen werden. Mein Vater hat mir diese Arbeit damals besorgt, Gott hab ihn selig. Ich weiß es nicht, aber ich glaube, die sind ganz zufrieden mit mir. Zumindest habe ich noch nichts Gegenteiliges gehört. Dass ich stottere und deswegen ein sehr unsicherer Mensch bin, das hatte mein Vater damals dem Chef gesagt. Die waren so nett und haben mich noch nie angerufen oder sehen wollen.

Sobald ich unsere Wohnung verlasse, bekomme ich oft Angstattacken. Im Supermarkt, in der Reinigung, im Bus. Nicht immer, aber phasenweise schon. Freundinnen habe ich schon ein paar, aber nicht so viele. Ich habe das Gefühl, dass es denen einfach zu lange dauert, bis ich ein Wort herausgebracht habe. Da verlieren die dann irgendwann das Interesse an mir. Daran, was ich denke und fühle. Mit manchen habe ich eine sehr nette Mail-Freundschaft. Aber das hat natürlich seine Grenzen, denn echte Nähe kann da nicht entstehen.

Aber ich habe ja Stefan. Solange ich ihn habe, kann mir nichts passieren. Noch nicht mal der Tod. Und ich habe meinen Glauben. Er trägt mich, seit ich Kind bin. Ich kenne die Bibel in- und auswendig. Na ja, das mag vielleicht etwas übertrieben sein, aber ich weiß schon viel. Wenn ich an Stefan und an Gott denke, dann fühle ich mich nicht klein, und dann habe ich auch keine Angst. Dafür bin ich sehr dankbar. Es hätte wirklich deutlich schlimmer kommen können in meinem Leben, ich hätte unendlich einsam sein können. Danke, Stefan, dass du mich damals besser kennenlernen wolltest. Deine Liebe ist das allergrößte Geschenk in meinem Leben.

Und du weißt schon, welche Bibelstelle ich mir wünsche, wenn ihr mich begrabt. Es ist natürlich die, von der du damals wissen wolltest, was ich über sie denke.

Eva Schilling, 52 Jahre, Brustkrebs
verstorben im Mai 201*

Mir war es immer wichtig, möglichst selbstbestimmt zu leben

Ich bin Mitglied der Deutschen Gesellschaft für Humanes Sterben, weil ich für mich die Freiheit in Anspruch nehme, mein Leben und Sterben selbst zu bestimmen. Ich bin nicht gläubig und halte den Einfluss und Zwang der Kirchen, in ihrem Sinne gottgewollt sterben zu müssen, für vermessen. Das Argument, Sippenmitglieder könnten Einfluss auf den Sterbewilligen nehmen, um an die Erbschaft zu kommen, mag in Einzelfällen stimmen. Auf meine Verwandten und Freunde kann ich aber vertrauen, und so habe ich in der Deutschen Gesellschaft für Humanes Sterben verfügt, keine lebensverlängernden Maßnahmen zuzulassen.

Mir war es immer wichtig, möglichst selbstbestimmt zu leben und durchsetzungsfähig zu sein. Auch meine drei Kinder habe ich versucht, in diesem Sinne zu erziehen, Zivilcourage zu zeigen und sich nicht zu ducken. Ein Beispiel für dieses Erziehungsgelingen war meine Jüngste. Als ihre Lehrerin sie aufforderte, ihren Fuß von der Bank herunterzunehmen, erklärte die Erstklässlerin: »Meine Mutter hat gesagt, das ist gesund.« Die Angst vor Obrigkeiten kenne ich noch aus meiner Jugendzeit. Vielleicht ist es heute anders, ich weiß es nicht, ich habe keine Enkel.

Was meine Ehe betrifft, gab es gelegentlich ein meist scherzhaftes Geplänkel, wer das Sagen hat. Einmal erinnere ich, wurde es ernst. Ich hatte eine Vase getöpfert und fand sie gelungen genug, sie ins Fenster zu stellen. Mein Mann hingegen fand sie unter Niveau und drohte, alle seine Bilder zu zerreißen, wenn die Vase nicht verschwindet. Seine Bilder waren hübsche Aquarelle, Erinnerungen an unsere Urlaubsorte, eine ganze Wand hing davon voll. Ich habe es nicht geglaubt, aber er hat sie tatsächlich alle zerrissen. Unsere Kinder, damals schon erwachsen, konnten es auch nicht fassen und verstanden meine Wut. Die Bilder waren weg, die Durchsetzungsfrage exemplarisch entschieden, und meine Wut war so groß, dass ich am liebsten abgehauen wäre. Doch wir rauften uns wieder zusammen, und unsere Ehe hält nun schon sechsundfünfzig Jahre – mit Toleranz und Humor!

Ich bin von Natur aus kein mutiger Mensch, aber neugierig und wissbegierig genug, um Ängste zu überwinden. Viele schöne, aufregende und manchmal gefährliche Erlebnisse wären mir entgangen, hätte ich mich nicht überwunden, vor allem auf unseren Segeltouren zu zweit. Lampenfieber aber hat mich mein Leben lang begleitet, auch beruflich als Journalistin.

Heute habe ich nur noch Angst vor Krankheit und Tod, den ich mit einem unvorstellbaren Nichts verbinde. »Oft denk ich den Tod, den herben und wie am Ende ich's ausmach. Am liebsten möchte im Schlaf ich sterben und tot sein, wenn ich aufwach.« Das hat der Maler Carl Spitzweg geschrieben, und so wünsche ich es mir auch.

Liselotte Kaiser, 81 Jahre

Beim Nachdenken bin ich drauf gekommen, dass ich relativ wenig geleistet habe

In der letzten Zeit habe ich im Heim die Hosen runtergelassen. Das heißt, ich habe viel darüber nachgedacht, was ich in den einzelnen Perioden meines Lebens gemacht habe. Und da bin ich drauf gekommen, dass ich relativ wenig geleistet habe. Zu wenig für meine Begriffe. Ich bereue das nicht, es ist aber eine Tatsache. Die Dinge sind immer auf mich zugekommen, und dann wurde ich mitgeschleift. Ich war aber an keiner Stelle überdurchschnittlich, auch in der Schule war ich nie Primus, nichts. Aber es kann ja auch nicht jeder König sein. Ich habe mitverfolgt, dass von meinen Schulfreunden auch keiner herausgetreten ist. Keiner von ihnen ist Minister, Supersportler oder was weiß ich geworden.

Obwohl ich beruflich eigentlich nichts gemacht habe, habe ich immer gut verdient. Noch heute wundere ich mich, dass ich sofort die Altersversorgung für Intelligenzler kriegte, als ich 1954 als Ingenieur im Kabelwerk Köpenick anfing. Meine Kollegen haben die erst zehn Jahre später gekriegt, wenn überhaupt. Mitte der fünfziger Jahre waren die Intelligenzler scharenweise in den Westen abgewandert. Und ich nehme mal an, dass daraufhin diese Versorgung eingerichtet wurde, um die Leute dazubehalten. Die Versorgung war damals sechzig Prozent des normalen Gehaltes als Rente.

Später wurde mein Job im Kabelwerk aufgelöst, weil das Fernsehgerät vom Typ Leningrad, für dessen Anfertigung wir eine Abteilung aufgebaut hatten, nicht mehr gefragt war. Aber rasch flog mir dann ein Posten als Abteilungsleiter einer Produktion von einer Haupthalle zu. Auch dort habe ich nicht viel geleistet, denn es war nicht viel zu tun, es lief alles von alleine. Ich hatte immer angenehme Vorgesetzte, die mich akzeptiert und geduldet haben, sowie gute Mitarbeiter, die gemacht haben, was ich von ihnen verlangt habe. Heute würde ich sagen, dass unsere Abteilung mit zwanzig Mitarbeitern überbesetzt war. Es ist nämlich vorgekommen, dass ich totgelaufen bin und dass ich auch ein bisschen unterfordert war, ich wurde immer nur zu Nebensächlichkeiten herangezogen.

In meiner Freizeit bin ich in eine Kegelgruppe reingerutscht. Im Ganzen war ich fünfzig Jahre im Kegelverein, das gibt's doch gar nicht mehr. Ich habe sogar einen Ehrenpokal, weil ich bereit war, viele Jahre Vorsitzender zu sein. Dabei habe ich auch in dieser Funktion wenig geleistet. Aber die Gemeinschaft in dem Verein hat mir gut gefallen, das war schon ganz schön. Meine Frau hat auch gekegelt, im Verein war sie sogar in einer höheren Funktion tätig als ich.

Ich hatte kein schwieriges Leben, ich habe Glück gehabt und bin immer gut bedient worden. Schon im Krieg konnte ich mich durchschlängeln. Als ich in Russland als Soldat an der Front kämpfte, kriegte ich die Gelbsucht und wurde sofort ins Lazarett zurückgeschickt. Auch durch die Wende habe ich wie jeder normale DDR-Bürger Plus gemacht. Man kriegte Geld in harter Währung, konnte kaufen, was man wollte, und das Thema Reisen stand oben an. Ich kann mich also nicht beschweren. Demnächst werde ich neunundachtzig, das ist ja auch nicht wenig. Allerdings wollte ich gar nicht so alt werden, das bringt nichts. In diesem Zustand kann ich ja erst recht nichts mehr leisten.

Harald Escher, 88 Jahre

Eine Harley kaufen und damit durch die Freiheit brausen, wie durch einen Wind

Eigentlich dachte ich immer, mein Leben wäre schwer. Wegen des Geldes. Ich habe immer mehr ausgegeben, als ich hatte. Das ging schon in meiner Jugend los, ständig musste ich meinen Onkel anpumpen oder meine Kumpels. Meinem Onkel musste ich dann auch nie was zurückzahlen. Immer, wenn ich mit einem schlechten Gewissen ankam und beichten musste, dass ich noch nicht zahlen kann, hat er gesagt: Lass mal gut sein, Ronnie. Dein schlechtes Gewissen ist Strafe genug. Die Kohle kommt schon irgendwie wieder rein.

Ich bin mir gar nicht sicher, ob man lernen kann, mit Geld umzugehen. Ich meine damit nicht, einen Beruf rund um das Geld zu erlernen, sondern im Alltäglichen. Ich kann doch nicht bei jedem Supermarktgang durchrechnen, ob ich mir jetzt diese Gurke oder diesen Schinken noch leisten kann. Einmal habe ich im Supermarkt Steaks geklaut. Mir die Dinger an der Fleischtheke geben lassen, dann das Päckchen in den Einkaufswagen gelegt, um die Ecke in den Backwarengang gerollt und das Fleisch in die Tasche gesteckt. Als ich die Filets zu Hause den Freunden und mir zubereitet habe, musste ich feststellen: Es hat mir nicht geschmeckt. Denn mein schlechtes Gewissen war in jedem einzelnen butterzarten Stück drin, das ich mir abgeschnitten habe. Daraufhin habe ich nie wieder irgendwo etwas geklaut, nicht das Kleinste – ich kann es einfach nicht. Lieber habe ich ein Leben lang andere angepumpt.

Wie gesagt, das hat mich immer ziemlich belastet, dass ich nie genug Geld hatte. Das hat ja auch Auswirkungen auf Beziehungen und Freundschaften. Mein Freund hat immer mehr verdient als ich, und ich habe ihm auch gleich am Anfang unserer Liebe gesagt, wie es an der Stelle bei mir aussieht. Ich fand es immer wichtig, in einer Beziehung übers Geld zu reden. Dass sich keiner ausgenutzt fühlt. Uwe hätte das bei mir ja nun wirklich denken können. Eigentlich alle meine Freunde.

Uwe hat mich irgendwann zum Schuldenberater bei der Caritas geschickt, als auch er genug von meiner Klagerei hatte. Die haben mir dann auch tatsächlich geholfen. Frau Meier machte mir einen genauen Plan, wie viel ich im Monat fürs Essen, für Zeitungen und Zeitschriften und für Benzin ausgeben darf. Sie hat mir sogar einen schönen blauen Taschenrechner geschenkt. Seitdem wurde es etwas besser.

Dass allerdings permanente Geldnot nicht das Belastendste ist, das einem im Leben so passieren kann, das wurde mir erst klar, als ich krank wurde. Natürlich hat jeder so seine kleineren und größeren Sorgen, Konflikte am Arbeitsplatz, Ärger mit dem Nachbarn, schwierige Eltern. Aber krank sein, irgendwann sterbenskrank, so wie ich jetzt, das ist einfach nur grauenvoll. Das schöne Leben ist von heute auf morgen weg. Und ich wünsche mir alle Probleme zurück, die ich vorher hatte, wenn ich dafür nur nicht mehr krank wäre. Die Abhängigkeit von anderen ist das Übelste dabei. Daran kann ich mich bis heute nicht gewöhnen. Manchmal denke ich, es ist noch schwieriger, die Abhängigkeit akzeptieren zu lernen, als das Sterben akzeptieren zu lernen.

Ich hätte gerne mehr gesehen von der Welt, wäre gerne mehr in ferne Länder gereist. Muss ich jetzt wirklich diese Welt verlassen, ohne je in Australien gewesen zu sein und dort echte Kängurus gesehen zu haben? Unvorstellbar. Ich habe immer noch Hoffnung, dass ich bald wieder aufstehen kann. Und ich wollte auch noch ein Holzhaus bauen. Die Alpen überqueren. Eine Harley kaufen und damit durch die Freiheit brausen, wie durch einen Wind. Davon habe ich immer geträumt. Davon träume ich auch jetzt noch.

Ronald Wagner, 55 Jahre, Magenkrebs
verstorben im April 201*

Ich glaube, wir haben heute Donnerstag

Als ich ein Baby war, hat man mich von Rumänien nach Detroit, USA, gebracht. Meine Eltern hatten das veranlasst. Wir waren verfolgte Juden. Ich spreche kein einziges Wort der rumänischen Sprache, das ist eigentlich schade. So habe ich auch keinerlei Bezug zu meinem Herkunftsland, ich habe dort keine Wurzeln und war auch bis heute nie dort. Meine Eltern hatten keinen Sinn dafür, mir die Sprache beizubringen. Sie mussten sich um unser Überleben kümmern. Ich kann nur Englisch.

Trotzdem habe ich aus meinem Leben das Beste herausgeholt. Ich glaube sogar, dass dies Menschen wie mir einfacher fällt als anderen. Wenn man mal in einer Grenzsituation war, also erlebt hat, wie es ist, wenn man voll und ganz auf sich selbst angewiesen ist und eine Not bewältigen muss – dann kann man sein Leben danach ganz anders betrachten. Man nimmt es ohne Wenn und Aber in die Hand. Weil es gar nicht anders geht, denkt man nicht nach, zögert und zaudert nicht.

Nach der Highschool habe ich mich mit zwei Freundinnen aus anderen rumänischen Einwandererfamilien zusammengetan, und wir haben ein Nagelstudio in Los Angeles aufgemacht. Uns fiel nichts Besseres ein, und wir konnten ja auch nichts. Es hat uns sofort gutes Geld gebracht, und das tut es bis heute. Das liebe ich an Amerika: Hier wird keiner beurteilt für das, was er aus sich macht. Ich bin sehr zufrieden mit meinem Leben. Mit den Jahren konnten wir größere Räume anmieten, und es kamen sogar Hollywoodstars in unser Nagelstudio. Aus

Diskretionsgründen darf ich keine Namen nennen, das habe ich denen versprochen und das wäre auch schädlich für unser Business. Die meisten wollen immer die französische Form gefeilt bekommen, also die gerade Form des Fingernagels, nicht die runde. Das sieht dann auch in den Filmen besser aus, sagen sie. Sonst reden wir nicht viel, die sind ja meistens am Telefon.

Das Leben der Stars würde ich nie gerne führen wollen. Die leben doch alle in einem goldenen Käfig, ob sie wollen oder nicht. Viele von ihnen merken es auch gar nicht, wie es um ihre Freiheit inzwischen bestellt ist. Wenn man sie fragen würde, dann würden sie bestimmt alle sagen, sei seien extrem frei. Aber Freiheit bemisst sich ja nicht nur in Geld. Ich weiß, wovon ich rede.

Seit einem Jahr habe ich Krebs. Da denkt man dann natürlich schon noch mal ganz anders über sein Leben nach. Weil plötzlich die Selbstverständlichkeit weg ist. Weil einem von heute auf morgen klar wird, dass es bald vorbei sein wird. Ich habe aber keine große Angst vor dem Sterben, ganz ehrlich. Das mag daran liegen, dass ich es mir auch einfach nicht vorstellen kann. Schauen Sie, jetzt sitze ich hier mit Ihnen auf dieser Bank am Strand. Links über uns ist der Himmel grau und wolkig, rechts über uns strahlend blau. Und sehen Sie die Vögel auf dem Dach des Gebäudes? Da sitzen lauter dunkle Spatzen. Und mittendrin eine große weiße Möwe. Was macht sie da?

Vorhin fragte mich eine Passantin, welchen Wochentag wir heute haben. Ich habe ihr nicht geantwortet, weil es mich nicht interessiert. Ich glaube, wir haben heute Donnerstag. Was spielt das schon für eine Rolle. In einer Woche ist auch wieder Donnerstag. Aber dann sitzt vermutlich keine Möwe mehr unter den Spatzen auf dem Dach hier. Und ob ich dann noch da bin, weiß ich auch nicht.

Irina Sukovic, 70 Jahre, Krebs
verstorben im Januar 201*

Ich kann also sagen, dass über meinem Leben das Wort Glück steht

Mein Dasein hier im Heim ist eine Enttäuschung. Meine Frau und ich hatten uns zwar damals bewusst dazu entschlossen, ins Heim zu gehen, aber jetzt habe ich zwei Pflegegruppen, so habe ich mir das nicht vorgestellt, das Altwerden. Immer auf fremde Hilfe angewiesen zu sein, nicht schön. Das eigenbestimmte Leben war schöner.

Vor einiger Zeit habe ich mir überlegt, an welchen Punkten deines Lebens hast du schon mal Glück gehabt? Mit der Geburt fing das schon an. Ich war gesund, und meine Eltern waren beide prima. Dass mein Vater noch in seinen alten Tagen Soldat im Ersten Weltkrieg wurde, fand ich bemerkenswert. Ein strammer Spruch von ihm war: Ordnung ist das halbe Leben. Das hat mir geholfen.

Und dann war es ein großes Glück, dass ich nicht im Krieg gefallen bin. Das war eine eigenartige Situation damals, als wir mit dem einjährigen Arbeitsdienst in Russland fertig gewesen waren. Wir freuten uns auf den Urlaub, doch statt nach Hause zu fahren, wurden wir auf einen LKW geladen und bei der Infanteriekompanie in Danzig wieder abgeladen. Unsere braunen Uniformen vom Arbeitsdienst mussten wir gegen die grauen der Wehrmacht eintauschen. Trotzdem hatte ich Glück, bei der Kompanie in Danzig gelandet und nicht gleich an die Front gekommen zu sein. Wir mussten den Generaloberst von Kleist in einem Sanatorium bewachen.

Ich kann also sagen, dass über meinem Leben das Wort Glück

steht. Und zwar auch bei Dingen, an denen viele Leute vorbeigehen, die gar nicht darauf kommen, dass das Glück war, was ihnen passiert ist. Zum Beispiel mein Klassenlehrer in der Mittelschule, das war Glück, dass ich den hatte. Der war jung, und er hat nie einen Stock in die Hand genommen, während die anderen alten Herren ständig herumgedroschen haben.

Oder ich hatte Glück, einen guten Beruf gefunden zu haben. Denn als ich aus der Gefangenschaft zurückkam, war das gar nicht so einfach, mit meiner Ausbildung als Kaufmann eine Stelle zu ergattern, die mir gefiel. Aber ein Schulfreund hat mir geholfen, in eine Bank reinzukommen, in der er auch arbeitete. Und man kann fast sagen, dass ich dort Karriere gemacht habe. Nach einem Jahr war ich stellvertretender Abteilungsleiter und später leitendes Mitglied der Bankfiliale, was ich mein Leben lang geblieben bin. Abgesehen von den kleinen Gehältern, die aber damals in der DDR üblich waren, hat mir die Arbeit Freude gemacht.

Zu der Reihe Glück gehört natürlich auch meine Frau. Wir waren sehr verliebt gewesen damals, mit siebzehn haben wir schon die Tanzstunde zusammen gemacht. Und dann ist sie plötzlich ausgeschert und hat einen anderen kennengelernt, einen Oberfeldwebel. Doch sie kam zurück, wir heirateten und blieben bis zu ihrem Tod zusammen, insgesamt achtundsechzig Jahre.

Und vielleicht gehört zu meinem Glück ja sogar dieses Zimmer. Dass ich das Glück hatte, hier gelandet zu sein, in diesem Heim. Die Zimmer waren früher viel kleiner und sind dann baulich erweitert worden. Wahrscheinlich kann man es auch als Glück bezeichnen, dass ich mit zweiundneunzig Jahren noch lebe und mich meine Tochter gleich besuchen wird. Ich bin zufrieden mit meinem Leben, wie Hansi Hinterseer einmal gesagt hat. Das hat mir gefallen, das sagen nicht viele Menschen.

Gottfried Baumeister, 92 Jahre

Es ist doch schön zu wissen, anderen eine Freude gemacht zu haben

Alles, warum es auch so ist, ich übergebe es dir. Wie oft ich dieses Stoßgebet in meinem Leben schon aufgesagt habe. Das Beten hat mir immer sehr geholfen, jedenfalls war es besser, als lange nachzugrübeln. Wie der Herrgott alles gefügt hat, sieht man, glaube ich, sowieso erst im Angesicht des Todes. Diese Haltung half mir, die zwei größten Schicksalsschläge in meinem Leben anzunehmen. Den frühen Tod meines Mannes im Alter von fünfunddreißig Jahren und dass meine Tochter mit vierzig Jahren starb, als sie beim Kirschenpflücken vom Baum fiel.

Gebetet habe ich schon immer gerne. Ich erinnere mich noch, wie meine Mutter und meine Großmutter abends an meinem Bett standen und wir zusammen Stoßgebete aufsagten oder Schutzengel anriefen. Aber natürlich hatte ich auch meine eigenen Worte, mit denen ich zu Gott sprach: Herrgott, gib mir die Kraft, dass ich das alles durchstehen kann, betete ich jeden Mittag, als ich in der Lodenfabrik arbeitete. Nach dem Essen bin ich immer runter in die Kirche gelaufen. Auch wenn es nur fünf Minuten waren, die ich dort bleiben konnte, das brauchte ich. Um die ganzen Demütigungen und unwürdigen Arbeitsbedingungen in der Fabrik vierundzwanzig Jahre lang aushalten zu können.

Ich habe das Gefühl, dass am Ende vor dem Herrgott zählt, ob man menschlich war, anderen eine Freude bereitet hat, und nicht, ob man viel geleistet hat. Deshalb habe ich mich bemüht, dies alles in meinen Möglichkeiten zu sein und zu tun. Zum Beispiel durch meine Arbeit in der Fabrik, damit meine drei Kinder studieren konnten. Oder auch durch meine Tätigkeit als Servicekraft im Seniorenclub. Die Leute freuten sich immer, wenn ich an ihren Tisch kam, Tee und Mehlspeisen servierte und ein bisschen mit ihnen plauderte. Doch das Schönste war, als ich meine Abschiedsfeier organisierte. Mit Musik, schönen Blumen und einem Büfett. Wie haben diese alten Leute gestrahlt! Eine Dame kam zu mir, umarmte mich und sagte: Das war etwas vom Schönsten, das ich in den alten Tagen erlebt habe. Und da dachte ich mir, es ist doch schön zu wissen, anderen eine Freude gemacht zu haben und auf diese Weise in deren Erinnerung zu bleiben. Das sind dann Dinge, die ich einmal hinterlassen werde, wenn ich gegangen bin. Das hoffe ich zumindest.

Außerdem hoffe ich, dass ich mich vor meinem Tod noch ein bisschen zusammennehmen kann. Damit meine ich, dass ich noch ein bisschen Reue empfinden kann, wenn ich etwas falsch gemacht habe. Ich möchte noch die Möglichkeit haben, mich zu entschuldigen, ich glaube nämlich an das Fegefeuer.

Wichtig für mich ist, mich vorher auf den Tod einstellen zu können. Damit meine ich nicht, mich auf den Tod zu konzentrieren, sondern locker hineinzuleben, ganz unverkrampft. Heute dies, morgen das, das nächste Mal komme ich dran, so, auf diese Weise. Als meine Schwägerin gestorben war, habe ich mich an ihren Sarg gestellt und gesagt: Na, Maria, jetzt bist du hier. Vielleicht bin ich's das nächste Mal, wir werden schon alle zusammenkommen.

Bei meiner Beerdigung sollte die Kirche festlich geschmückt sein, mit vielen weißen Blumen. Ein feierlicher Gesang wäre auch schön. Meine Nichte wird das Ave Maria singen, ich habe ihr sogar schon das Geld dafür gegeben. Begraben werde ich bei meinem Mann werden. Auf seinem Grab ist auch ein Foto von unserer Tochter angebracht. Dann sind wir drei wieder vereint, daheim im Himmel, in der Ewigkeit.

Gerlinde Barthor, 81 Jahre

Kurioserweise hänge ich am meisten im Leben an diesem undefinierbaren Ich

Ich frage mich oft, warum mir ein Schicksal in Qual beschieden ist. Was soll das? Ist das Zufall oder steckt irgendein Sinn dahinter? Ich würde gerne glauben, dass es meine Lebensaufgabe ist, diese Schmerzen durchzustehen, und ich hinterher die Antwort kriege: Du musstest das alles durchmachen, um … was auch immer, keine Ahnung. Aber ich habe keine Religion. Im Moment kann ich mir eher vorstellen, mir das Leben zu nehmen. Wenn der Schmerz im Kopf so groß ist, dass es schwer auszuhalten ist. Oder der Horror im Bauch. Mit Worten kann man das nicht beschreiben, ich kann nur sagen, das ist Folter, Angst vor Gewalt in jeglicher Form.

In meiner Kindheit gab es wie bei anderen auch viele traumatische Situationen, mit denen man später hätte lernen können umzugehen. Schläge, mein Vater war ein Stasi-Offizier, der gerne geschlagen hat, Demütigung und Liebesentzug. Aber die akute Traumatisierung, die mich hilflos und ohnmächtig gemacht hat, waren die Medikamente, die ich als Zehnjähriger bekommen habe. Um meine Bettnässe und Hyperaktivität zu bremsen, musste ich jeden Abend eine gelbe Pille schlucken. Doch dadurch wurde ich nur noch ängstlicher, und meine Eltern schimpften mich einen Versager, weil die Tabletten nicht wirkten.

Die Medikamente waren wahrscheinlich überdosiert, jedenfalls bin ich seitdem eigentlich ein körperliches Wrack. Vor Kurzem wurde ich von einer achtundfünfzigjährigen Frau auf das gleiche Alter geschätzt, dabei bin ich dreiundvierzig. Vom

Körper her fühle ich mich oft wie neunzig, von der Seele her manchmal wie ein kleines Kind, das nach Leben und Glück hungert, und dann gibt es wieder eine Seite an mir, die sagt, du bist uralt, du hast doch alles gesehen. Aber das Glück habe ich zum Beispiel nicht gesehen.

Glück würde für mich schon pure Symptomfreiheit bedeuten, also keine Schmerzen und Ängste zu haben. Das Problem ist, dass ich schon alles an therapeutischen und pharmakologischen Möglichkeiten ausprobiert habe, aber gescheitert bin. Die Medikamente, die normalerweise gegen Angstzustände wirken, haben bei mir zur Folge, dass ich unerträgliche Schmerzen bekomme. Und das kann nur darauf zurückzuführen sein, dass ich früher mit irgend so einer Substanz traumatisiert wurde. Wut gegen meine Eltern empfinde ich deswegen nicht mehr, ich weiß nur, was menschliche Grausamkeit anrichten kann. Was ich im Moment versuche, ist Selbstsuggestion, ich gestatte dem Medikament, mir zu helfen.

Eine Vorstellung von Glück als Gefühl habe ich nicht, darum kann ich es nicht beschreiben. Spaß kenne ich. Mitte der Neunzigerjahre schmiss ich mich in den Berliner Underground. Ich hatte einen großen Bekanntenkreis und habe viel Party gemacht, das half mir, den Alltag zu überleben. Ich wurde sexsüchtig, viele Jahre lang hielt ich mich an Frauen fest, ohne mich emotional auf eine Beziehung einzulassen. Auch das war mir für eine gewisse Zeit eine Art Stütze. Ich hielt mich mit allen möglichen Jobs über Wasser und kündigte einen nach dem anderen. Arbeiten, arbeiten, arbeiten, bis mein Körper keine Kraft mehr hatte.

Wenn ich nebenher als Sänger mit meiner Band auf der Bühne stand, habe ich immer gespürt, dass mir das Singen nicht wirklich was brachte, es heilte nicht. Auf der einen Seite hatte ich immer davon geträumt, auf einer großen Bühne zu stehen, und auf der anderen Seite wusste ich, ich habe so viele Ängste, dass ich kaum mein Haus verlassen und in eine U-Bahn steigen kann. Der Widerspruch zwischen Traum und Realität.

Bei meinem ersten Selbstmordversuch hatte ich mir auf irgendwelchen Wegen eine Pistole besorgt. Doch das Ding hat schlichtweg nicht funktioniert. Als ich abdrückte, ist nischt passiert, ich fühlte mich als Versager.

Paradoxerweise habe ich Angst vor dem Tod, vor einem qualvollen Sterben und vor dem Nichts. Ich würde gerne glauben, dass die Existenz nach dem Tod irgendeine andere Bewusstseinsebene einnehmen würde, sodass das sogenannte Ich in irgendeiner anderen Form losgelöst von den körperlichen Qualen weiter existiert. Aber das ist eigentlich ein Wunsch, ein Traum.

Ich weiß, dass meine ganzen Fluchtversuche, auch der Weggang von Berlin in ein ruhigeres Umfeld nichts gebracht haben. Seit fünf Jahren bin ich frühverrentet. Am meisten Freude macht mir, Musik zu machen. Ich habe hier ein kleines Tonstudio, und wenn die Kraft zu singen da ist, habe ich Spaß dran. Es wäre schön, wenn ich mit meinen Texten den einen oder anderen zum Nachdenken über die Zustände auf der Welt anregen könnte.

Auch wenn meine Schmerzen manchmal so groß sind, dass ich lieber gehen würde, möchte ich trotz allem leben. Ich wünschte mir, dass es Orte gäbe, an denen chronisch kranke und alte Menschen noch ein paar stressfreie Jahre mit allen Annehmlichkeiten und jenseits von Einsamkeit verbringen könnten. Aus meiner Sicht gibt es kaum jemanden, der sich nicht ambivalent mit dem Selbstmord auseinandersetzt. Jeder würde lieber weiterleben, denke ich, außer vielleicht ganz alte oder kranke Leute, die sagen, ich habe genug. Kurioserweise hänge ich am meisten im Leben an diesem undefinierbaren Ich, vielleicht weil ich es nicht greifen kann.

Thomas Meister, 43 Jahre

Und im Nachhinein dachte ich, warum hast du das wieder gemacht?

Ich habe immer gesagt, *Marianne, du kommst mal in den Himmel, weil du so gutmütig bist.* Da haben sie alle immer gemeint, stimmt, du kommst in den Himmel. Du hast dich immer an die ganze Welt verschenkt. Dabei habe ich das hinterher immer so bereut. Ich bekochte meine Freunde, wusch deren Wäsche, die durften bei mir wohnen, ich habe ihnen Geld gepumpt. Und im Nachhinein dachte ich, warum hast du das wieder gemacht? Die Männer sind zwar ganz lieb gewesen, aber die haben mich richtig ausgenutzt, und das Geld habe ich auch nie wiedergekriegt. Trotzdem war ich beim nächsten Mann wieder so, weil ich zu gutmütig war im Leben. Dafür kommst du in den Himmel, Marianne, das war dann immer meine Ausrede.

Meine Tochter ist genauso. Wir beide sind auf einem anderen Stern geboren. Dabei warne ich sie jetzt noch: Heirate nie wieder! Du warst doch schon zweimal verheiratet, musst du jetzt das dritte Mal wieder heiraten. Man weiß ja nicht, wie das mit den Typen noch endet. Mein Mann hatte sich an einer Lampe aufgehängt. Im Suff, der ist Alkoholiker gewesen. Meine Ehe war eine Hölle, einundzwanzig Jahre lang. Nur das erste Jahr, als wir geheiratet hatten, war ich happy. Verheiratet zu sein, sagen zu können »mein Mann«, wie man dann halt so angibt. Aber nachher, als der anfing zu trinken, war nichts mehr. Ich konnte mich nicht scheiden lassen, weil er gesagt hatte, wenn ich dich mal mit einem anderen Mann sehe, mache ich euch kalt. Wenn er betrunken war, randalierte er so lange an meiner Wohnungstür, bis ich aufmachte. Wenn man es so sieht, hat mir meine Tochter das Leben gerettet. Denn solange sie bei mir lebte, hat er sich nicht getraut, einen von uns anzufassen.

Meine Tochter war sowieso das, was mich im Leben glücklich gemacht hat. Dass ich mich nach meinem Mann nie wieder richtig auf eine Beziehung eingelassen habe, hieß nicht, dass ich wie eine Tränentüte zu Hause rumgesessen bin. Meine Tochter war viel mit mir unterwegs, wir haben super gegessen, an der Mönckebergstraße meistens, Fisch bei Nordsee oder so, waren im Kino, Klamotten kaufen, wegen unserer Ähnlichkeit wurden wir immer für Schwestern gehalten. In den Kaufhäusern habe ich immer was gefunden. Schuhe, eine Handtasche, zumindest Ohrringe mussten sein. Oder etwas für meine beiden Enkelkinder, auf die ich sehr stolz bin. Das konnte ich mir nachher, wo ich alleine war, alles gut leisten. Ich habe bei Beiersdorf gearbeitet, wo ich Cremedosen in einen Karton zusammenpackte. Es hat alles super geklappt, es lag halt nur alles auf meinen Knochen, denn von meinem Mann kriegte ich keinerlei Unterstützung. Vielleicht bin ich deswegen jetzt auch so krank. Es kann sein, dass der Krebs damals schon gewuchert hat, was weiß ich.

Ich möchte gerne, dass ich in den Himmel komme. Und das werde ich, glaube ich, auch. *Du warst immer die Beste, du hast immer gegeben.* Ich hoffe, dass es mir gut geht, wenn ich mal tot bin. Ich habe meiner Tochter schon gesagt, dass ich im Wald unter einem Baum beerdigt werden will, ganz einfach, nur mit einem Schild am Baum. Ich habe mir auch weder ein besonderes Lied noch ein ausgefallenes Kleid gewünscht, das kann sie sich aussuchen. Damit meine Tochter nicht ganz mittellos dasteht, wenn sie meinen Sarg kauft, habe ich einen Sparvertrag für die Beerdigung abgeschlossen. Denn an Geld werden meine Tochter und meine Enkelkinder leider nichts erben. Ich hatte ihnen schon vorher alles geschenkt.

Marianne Özkan, 72 Jahre, Krebs
verstorben im Februar 201*

Die Seele muss aufgeräumt sein, das ist eigentlich das Wichtigste

Was mich innerlich am meisten angetrieben hat, war, Grenzwertigkeiten auszuloten. Wie weit komme ich im Umgang mit einer fremden Kultur, wo ist die Grenze. Insofern würde ich mich als Grenzgänger bezeichnen, so in der Art vom Bergsteiger Reinhold Messner, nur in einem anderen Bereich. Ich war freischaffender Architekt und wurde als Bauforscher von verschiedenen Organisationen zu Ausgrabungsplätzen ins Ausland geschickt. Meistens für drei, vier Monate, nach Afghanistan, Jemen, Sudan oder in den Tschad.

An den Ausgrabungsplätzen säuberten meine Mitarbeiter und ich einzelne Bauteile, beschrieben und glasierten sie. Einmal gab es eine riesige Aufregung, weil die Grabungsarbeit eingestellt werden sollte. Da ich dafür bekannt bin, da weiterzumachen, wo andere aufhören, beauftragte man mich, den Arbeitgeber von einer Weiterführung der Grabungsarbeit zu überzeugen. Ein Scheich hatte uns zum Essen eingeladen. Der Raum war riesig, es gab einen Diwan und eine durchgehende Sitzbank, auf der überall Kissen verteilt waren. Dann hielt ich eine Rede, in der ich die arabische Geschichte und die arabisch-deutsche Freundschaft ansprach. Alle waren so begeistert davon, dass die Grabung weiter beauftragt wurde. So kommt man mit einer fremden Kultur klar, sich nicht aufblasen, sondern auf den anderen eingehen und ihn verstehen. Viele haben gesagt, das ist ja nicht zum Aushalten, der Dreck im Ausland und die Schwierigkeiten mit den Leuten dort, aber gerade dieses Ausprobieren, was kann ich erreichen, wie weit kann ich gehen – das hat mir immer wieder Spaß gemacht.

Eigentlich bin ich ein positiv denkender Mensch, der meint, dass Probleme angegangen werden können und lösbar sind. Die dazu nötige Gelassenheit und Ruhe habe ich von der muslimischen Kultur gelernt. Aber im Falle meiner Frau hilft mir diese Strategie zurzeit leider auch nicht weiter. Wir haben zweiundvierzig Jahre lang ein schönes Leben gehabt, und plötzlich steigt sie aus und wird verrückt. Chronische Schizophrenie, sagen die Ärzte. Damit man helfen könnte, müsste meine Frau ihre Krankheit anerkennen, aber das tut sie nicht. Das Einzige, was ich machen kann, ist offen darüber zu reden, obwohl das schwerfällt. Wir haben einen großen Bekanntenkreis, und überall muss ich immer wieder davon erzählen. Aber es hat keinen Sinn, ihre Situation zu verschweigen oder schönzureden.

Auch mit meiner Krankheit gehe ich bewusst und ruhig um. Ich habe einen Gehirntumor im Endstadium, und es kann sein, dass ich übermorgen, in einem halben oder in einem Jahr sterbe. Dass ich keinen »Termin« habe und nicht weiß, wie der Tod stattfinden wird, macht mir ein wenig Angst. Ich weiß nur, dass ich jetzt mein Leben zu ordnen habe. Zufälligerweise hatte ich das schon vor ein paar Jahren gemacht, als ich mich daran erinnerte, wie ich nach dem Tod meiner Mutter vor vollen Schränken stand und keinen Durchblick hatte. Das wollte ich meiner Tochter nicht zumuten und habe angefangen, meine Akten und Ordner durchzusehen und den ganzen Mist wegzuschmeißen. Sie war begeistert.

Ich glaube, dass man in seinen Kindern weiterlebt und in den Ideen, die man ausgerichtet hat. Gerne hätte ich noch zehn Jahre länger gelebt. Ich habe meiner Tochter versprochen, nach meiner Behandlung auf die Osterinseln zu fahren, diese fantastisch fremde Welt. Und durch Deutschland würde ich gerne fahren, von Norden bis Süden, um alle meine Freunde noch mal zu besuchen. Man glaubt es nicht, aber ich habe wenig Zeit hier im Hospiz, viele Freunde aus der ganzen Welt rufen an und wollen mich noch mal sehen. Das ist schön, und da denke ich, dass meine Ideen und Auffassungen doch richtig waren. Die Seele muss aufgeräumt sein, das ist eigentlich das Wichtigste. Dass man mit seinem Partner in Frieden lebt, Probleme versteht und sich einlässt auf andere Menschen.

Wilfried Nickel, 68 Jahre

Heute sind wieder ein paar Blätter vom Baum gefallen

Große Freude macht mir mein Baum in meinem Garten. Ich habe ihn selbst gepflanzt. Manchmal habe ich solche Ideen, ich säe irgendwas ein, Zwetschgen- oder Dattelkerne, und schaue, ob etwas dabei herauskommt. Bei diesem Baum hatte ich vergessen, was für einen Kern ich gepflanzt hatte. Nach einiger Zeit wuchs daraus ein Strauch, der rosarote Blüten hatte. Da glaubte ich, er sei eine japanische Zierkirsche. Und selbst als so kleine Früchte kamen, war ich mir noch nicht sicher, was für ein Baum er ist. Ich dachte, es kann eine Aprikose sein oder auch ein Pfirsich. Fünf Jahre hat es gedauert. Dann hat er viele Früchte getragen, Nektarinen, sie waren sehr gut. Heuer hat er besonders aromatische Früchte gehabt. Das ist einfach eine Freude, wenn man etwas pflanzt und später wird daraus ein Obstbaum.

Ich liebe Pflanzen. So wie bei den Kernen, die ich einsetze, festgelegt ist, was für ein Baum einmal daraus werden kann, bin ich der Meinung, dass jedem Menschen sein Leben bei der Geburt vorgeschrieben ist, zu einem großen Teil jedenfalls. Aber zu einem anderen Teil hat man es selbst in der Hand, was man aus seinem Leben macht. Nach Kriegsende wusste ich nicht, wie es mit mir weitergehen würde. Mein Vater war im Krieg gefallen, und meine Mutter war bei einem Bombenangriff ums Leben gekommen. Ich habe ein Kleid und ein Paar Schuhe gehabt, sonst nichts. Entweder man zerbricht daran oder man lebt. Ich hatte mich entschieden zu leben, egal wie, ich wollte nicht untergehen. Ich habe dann zuerst von der Hand in den Mund gelebt. Fremde Menschen haben mir oft geholfen. Ohne dass ich danach fragen musste, gaben sie mir ein Stück Brot und eine Tasse Milch. Später habe ich dann einfach irgendwas gemacht, um zu funktionieren. Zuerst habe ich beim amerikanischen Rundfunksender gearbeitet, dann bei der Münchener Sternwarte und später war ich Abteilungsleiterin in einem Schuhkonzern. Vielleicht hätte ich mehr aus mir machen können, aber ich bereue nicht, dass ich es nicht getan habe. Wichtig war, dass ich finanziell über die Runden kam.

Ich kümmere mich gern um meine Pflanzen. Mein Baum kriegt Wasser und Naturdünger von mir, und ich spreche auch mit ihm. Ich hab mich heuer bei ihm bedankt, weil er doch so viele Früchte gehabt hat. Vielleicht freut er sich ja auch an mir und nicht nur ich mich an ihm! Falls unser Hausmeister ihn nicht kaputt schneidet, wird mein Baum mich überleben. Doch ich glaube, dass ich nach dem Tod irgendwann wiederkomme. Das beobachte ich in der Natur ja auch. Im Herbst wirft der Baum Blätter ab, der Stamm behält das Chlorophyll, und damit stirbt der Baum im Winter nicht. Er scheint nur tot zu sein, einen Ast kann man dann leicht abbrechen. Aber im Frühling fängt er wieder an zu leben, es sprießen neue Blätter, und er trägt Früchte. Ich bin Esoterikerin und übertrage deswegen diesen Ablauf auch auf mich. Ich sterbe, und ich stehe irgendwann wieder auf, als was, das weiß ich noch nicht. Als Tier, Pflanze oder Mensch. Mein Sohn lebt auch in irgendeiner Weise, er ist zwar schon gegangen, aber trotzdem ist er noch da. Ich spüre ihn jeden Mittag. Da sitze ich in meinem Stuhl und schlafe ein bisschen. Auf einmal werde ich wach und denke, mein Gott, ich muss Hans ja noch die Medikamente geben. Sieben Jahre lang hatte ich ihn gepflegt. Er hatte Darmkrebs, wie mein Mann. Gestorben ist er im Alter von 59 Jahren. Aber jetzt ist er wieder da.

Heute sind wieder ein paar Blätter von meinem Baum gefallen. Mal schauen, ob er nächstes Jahr wieder so viele Früchte trägt wie heuer.

Ursula Rackwitz, 87 Jahre

Das ist die große Selbstlüge, der ich zeit meines Lebens aufgesessen bin

Wenn ich mein Leben noch mal leben könnte, würde ich alles anders machen. Diesen Satz sagen nur unzufriedene Menschen, werdet ihr euch denken. Das ist richtig. Ich bin unzufrieden mit mir. Und wenn ich gewusst hätte, dass es jetzt schon so früh vorbei ist mit meinem Leben, dann erst recht. Denn warten wir nicht alle immer darauf, dass es besser wird? Besser wird in der Arbeit, wo einen schon seit Jahren der Chef nervt, besser wird in der Ehe, obwohl man schon seit Jahren nicht mehr miteinander schläft? Das heißt ja nicht, dass man den Job wechseln oder sich scheiden lassen sollte. Es heißt vielmehr, dass man die Dinge aus sich selber heraus anpackt und zum Besseren wendet. Statt zu hoffen, dass alles von alleine besser wird. Und alles Missliche auf die anderen oder auf die Umstände zu schieben. Statt sich so rauszuflüchten, wie ich es getan habe. Das ist die große Selbstlüge, der ich zeit meines Lebens aufgesessen bin.

Jetzt denkt ihr sicher, was redet der so klug daher. Tja, ich frage mich auch, warum ich das erst jetzt kann. Manche von euch werden mich mit meinen Einsichten wahrscheinlich gar nicht wiedererkennen. Denn die Fähigkeit zur Einsicht habt ihr mir ja immer abgesprochen. Aber jetzt, mit meinem Ende vor Augen, jetzt geht es plötzlich.

Noch eine Lüge hat mich seit Jahren belastet – wer weiß, vielleicht kommt daher sogar der Tumor, an dem ich laut den Ärzten bald sterben werde. Ich konnte meiner Frau Diana gegenüber nicht ehrlich sein. Bis heute nicht. Ich habe es einfach nicht geschafft. Nach knapp zehn Jahren Ehe habe ich eine andere Frau geschwängert. Dabei wollte ich einfach nur mal wieder etwas Abwechslung im Bett. In den Puff hätte ich gehen sollen. Dann wäre das alles nicht passiert. Die Seitensprung-Frau konnte ich nicht dazu überreden, das Kind nicht zu bekommen. Insgeheim hatte sie, glaube ich, gehofft, dass sie damit Druck auf mich machen kann. Dass ich mich deswegen von Diana trenne. Vielleicht nicht sofort, sondern nach ein paar Jahren. Wenn ich dann sähe, wie ähnlich mir mein Sohn sieht und wie gut er sich entwickelt, dann müsste ich mir doch ein Herz fassen und überlaufen.

Ich konnte es nie. Dazu war ich zu feige. Diana, du wirst das höchstwahrscheinlich erst erfahren, wenn es mich nicht mehr gibt. Ich schaffe es einfach nicht, es dir ins Gesicht zu sagen. Dabei hättest du nichts mehr als genau das verdient. Ich fühle mich unendlich schlecht mit dieser Lüge dir gegenüber. Möglicherweise ist sie es, die mich jetzt auch das Leben gekostet haben wird. Natürlich habe ich immer wieder darüber nachgedacht, ob ich ehrlich sein soll oder nicht. Und mich gefragt, wie du wohl reagieren würdest. Ob du denken würdest, ich hätte unsere Ehe verraten, nur weil ich ein paar Mal mit einer anderen Frau geschlafen habe. Oder ob du mir verzeihen würdest. Aber dann schlug meine Feigheit wieder durch. Jedenfalls besser auf diesem Weg als gar nicht sollst du wissen, dass es nichts, aber auch gar nichts damit zu tun hat, dass du nie schwanger werden konntest. Du weißt ja, das hat mir nie etwas ausgemacht. Ich wollte nur mal wieder Spaß beim Sex. Den hätte ich mit dir auch wieder haben können, hätte ich mich nur getraut, es mit dir anzusprechen. Stattdessen habe ich mein Leben verbockt.

Es tut gut, dass es jetzt raus ist. Aber jetzt ist es auch zu spät.

Axel Huber, 48 Jahre
verstorben im Juni 201*

Obwohl es nicht meine Kinder waren

Am liebsten möchte ich aus dem Fenster springen, da oben hin, in den Himmel, so schnell wie möglich. Ich bin aus Breslau in Schlesien, und nach dem Krieg fand ich meine Frau mit diesen zwei Söhnen. Wir hatten als Ehepaar schöne Jahre zusammen. Aber ich weiß nicht, ob ich diese Frau mit diesen beiden Kindern hätte nehmen sollen, ich weiß es einfach nicht. Nicht wegen der Frau frage ich mich das, sondern wegen der Söhne. Das war alles so kompliziert. Irgendwie waren sie nie meine Kinder, und dann wiederum doch. Ich habe mich jedenfalls verantwortlich gefühlt wie ein richtiger Vater und mein Bestes gegeben. Da kam aber nie was zurück. Was habe ich auch erwartet? Dankbarkeit? Ja, die habe ich erwartet, wenn ich ehrlich sein soll. Warum auch nicht. Ich habe alles versucht, denen ein Ansprechpartner zu sein, wenn sie Probleme hatten. Habe auch das Ferienlager bezahlt und mit ihnen ab und zu mal Schulaufgaben gemacht. Obwohl es nicht meine Kinder waren. Das eine oder andere Mal hätte ich dann schon gerne das Wort »danke« gehört. Das kam aber nie.

Ach, es hilft eh alles nichts, es ist ja vorbei, und man kann es nicht zurückdrehen, das Leben, man denkt nur so viel darüber nach. Das ist das Schlimme, dass man in diesen Heimen und Krankenhäusern so viel Zeit hat, über alles nachzudenken. Weil man nichts anderes mehr machen kann. Ich muss da jetzt durch. Wer hilft mir?

Der eine Sohn, der kommt wenigstens zu Besuch. Nachher

wird er mir einen Käsekuchen mitbringen, hat er angekündigt. Aber der andere, der trinkt und fordert nur Geld. Dafür kümmert er sich noch nicht einmal um mich. Er will das Geld seiner Mutter, die schon vor längerer Zeit verstorben ist. Ich zahl ihm das aber nicht, er versäuft es ja eh nur.

Wer hilft mir? Ich möchte Sauerstoff, ich kann nicht atmen. In meine Wohnung kann ich auch nicht zurück. Wenn der Wachkoma-Patient, der hier im selben Zimmer neben mir liegt, gestorben ist, dann bekomme ich dieses Zimmer ganz für mich. Dort, wo jetzt sein Bett steht, soll dann meine Sofaecke hin. Trotzdem will ich es nicht akzeptieren, dass ich nicht bis zum Schluss zu Hause in meiner Wohnung sein kann. Dort fühle ich mich wohl. Hier nicht. Ich weiß nicht, wohin mit mir und meinen Gedanken. Aber es tut schon mal gut, meine Not einfach auszusprechen.

Karl Schmidt, 92 Jahre
verstorben im Februar 201*

Solange ich noch einigermaßen gesund bleibe, würde ich gerne noch so ein bisschen leben wollen

Die Heirat mit Franz war ein absoluter Glücksfall. Schon als Kinder kannten wir uns, haben schon zusammen Weihnachtsgedichte aufgesagt. Natürlich haben wir damals noch nicht gedacht, dass wir mal heiraten werden. Wir sind in zwei verschiedene Tanzschulen gegangen. In meiner Tanzschule war am 10. Februar 1940 ein Ball. Ich wollte dort unbedingt hingehen, aber meine Mutter hat gesagt, das kommt nicht infrage. Es war ja Krieg, alles war verdunkelt draußen. Dann hat irgendjemand gesagt, frag doch mal den Franz, ob der mitkommt. Beim Walzer hat es dann gefunkt. Achtundsechzig Jahre lang waren wir verheiratet. Bis mein Mann gestorben ist.

Einen Bruch oder Tiefpunkt gab es in unserer Ehe nicht. Wir haben uns nie gezankt. Und wir haben Glück gehabt. Mein Mann war Soldat in Afrika und Russland, ist aber immer wieder gesund nach Hause gekommen. Ich hatte Zwillinge und keine Nahrung, als ich sie gebar; da sind alle beide im Krankenhaus geblieben. Den Jungen haben sie umgestellt auf eine andere Nahrung, die hat er nicht vertragen, und da ist er gestorben. Daraufhin ist mein Mann hingegangen und hat gesagt, er möchte das Mädchen abholen. Innerhalb von einer Woche hat sie 400 Gramm zugenommen, und alles war gut. Ich hatte aufgehört zu arbeiten, was ich heute an meiner Rente deutlich spüre. Als Kontoristin in einer Buchbinderei habe ich allerdings eh nicht viel verdient. Aber dafür habe ich meine Tochter schön erziehen können. Bloß ist die leider verstorben. Mit 62 Jahren, an einer Grippe. Mein Mann ist einen Tag nach ihrer Beerdigung gestorben. Ob der das nun nicht verkraftet hat, dass seine Tochter tot war? Ich weiß es nicht. So war es halt.

Was ich im Leben gelernt habe, ist, dass ich mit allem fertigwerden muss. Und das geht besser, wenn man zufrieden ist mit dem, was man erlebt. Als Kind, als junge Frau, als ältere Frau – mit allem, was ich erlebt habe, war ich jeweils zufrieden. Das klingt ein wenig unspektakulär heutzutage, oder? Besonders stolz auf irgendwas bin ich eigentlich nicht. Einen Lebenstraum hatte ich auch nicht. Dass Franz und ich uns gut vertragen haben und achtundsechzig Jahre glücklich verheiratet waren, das ist ja schon viel wert. Ich hoffe, dass ich ihn noch mal oben im Himmel treffe. Wir hatten eine so schöne Ehe. Beide sind wir gern in die Oper gegangen, sind gerne verreist, auch in die Berge, insofern hatten wir auch immer denselben Geschmack. Wir waren uns auch immer einig. Eine bessere Ehe kann man sich einfach nicht vorstellen. Wenn man heute die Leute so hört, was die so erzählen, dann kommen die nicht so weit. Schon nach ein, zwei Jahren trennen die sich wieder. Meine Tochter, die war auch zwei oder drei Mal verheiratet. Mit dem jetzigen Mann hat sie sich gut verstanden, aber nun ist sie ja gestorben. Mein Schwiegersohn tut mir leid. Als Mann übrig zu bleiben ist vielleicht auch nicht gerade schön.

Solange ich noch einigermaßen gesund bleibe, würde ich gerne noch so ein bisschen leben wollen. Wünsche habe ich keine mehr.

Ich habe für mein Leben gern schon immer Rätsel aller Arten gelöst. Ich mag, dass ich was weiß. Dinkel zum Beispiel ist eng verwandt mit dem Hafer, dem Weizen und dem Roggen. Oder Buchstabensalat wie WLIE. Da kommt dann wahrscheinlich WEIL raus. Was ich raten kann, rate ich. Was ich nicht kann, lass ich sein.

Ich liebe Tiere. Der letzte Wellensittich, den wir hatten, der hat unglaublich gut gesprochen. Das war einmalig. Der hat gesagt: Peter Frommholz, Kissinger Weg 28. Oder er piepte: Komm in die Küche! Einmal bin ich mit dem Fuß an den Nähkasten gekommen, das hat total gescheppert, und da hat er gesagt: Was macht denn die Mutti da? Ein anderes Mal ist er auf die Schulter meines Mannes geflogen und hat gerufen: Na, du Oller, bist du Muttis Süßer? Also dieser Vogel war einzigartig. Ich konnte ihn streicheln, oft saß er auf der Schulter, hat ein paar Töne von sich gegeben.

Wenn ich schlafen gehe, bete ich immer. Dann danke ich bloß für den schönen Tag und bitte darum, dass es mir den nächsten Tag auch so geht. Bis jetzt hat das geklappt.

Anna-Maria Frommholz, 87 Jahre, Krebs

Das Akzeptierenkönnen dessen, was ist, das ist das Geheimnis

Meine Rettung ist, dass ich frühzeitig Buddhist wurde, schon mit zweiundzwanzig. Durch einen Freund bin ich dazu gekommen. Er nahm mich einfach mal mit zu seinem Lehrer. Alles, was der sagte, und alle Bücher zum Buddhismus, die ich seither gelesen habe, haben mich sofort überzeugt. Zum Beispiel, dass uns im Gegensatz zum Christentum niemand schuldig spricht, wenn wir etwas falsch machen. Es gibt auch die Sünde in dem Sinne nicht. Eher wollte Buddha, dass wir uns als Menschen hier auf Erden weiterentwickeln und nicht dass wir Kirchensteuergeld für die Hoffnung auf irgendeine vage Erlösung bezahlen müssen. Die wir dann ja auch gar nicht mehr mitbekommen würden.

Ich bin Zahntechniker von Beruf. Das Herumbasteln mit kleinen Zangen und Drähten, das hat mir schon als kleiner Junge Spaß gemacht. Insofern ist es genau der richtige Beruf für mich. Karriere kann man dabei nicht groß machen, viel Geld verdienen auch nicht, und wenn man über Aufstiegsmöglichkeiten nachdenkt, dann gibt es die auch nicht groß. Darüber habe ich aber eigentlich nie nachgedacht. Denn der Preis, den man für beruflichen Aufstieg zu zahlen hat, der kann ganz schön hoch sein. Lieber steige ich innerlich auf, wenn Sie wissen, wie ich es meine. Dazu ist das Meditieren toll und überhaupt alles, was die buddhistische Lehre zu bieten hat. Dann braucht man nichts Äußeres mehr. Keinen größeren Vorgarten, kein größeres Haus, kein größeres Auto. Meine Familie hat das auch immer verstanden, weil sie auch Buddhisten sind. Elaine, meine Frau, habe ich in einem Schweigekloster kennengelernt. Wir haben uns eine Woche lang nur angesehen, bevor wir das erste Wort miteinander gesprochen haben. Diese Woche hat die Basis für unser ganzes gemeinsames Leben gelegt: Wir verstehen uns unausgesprochen und blind.

Wer sich mit der buddhistischen Lehre beschäftigt, lernt vor allem eines: den Fluss des Lebens so zu akzeptieren, wie er ist. Das sagt sich natürlich leicht, und es ist alles andere als das. Aber es ist meiner Meinung nach das Wichtigste, was man im Leben überhaupt anstreben kann: das Akzeptieren dessen, was ist. Denn dann geht das Leben leichter. Ich konnte somit besser akzeptieren, dass das Leben ungerecht ist. Ja, es ist verdammt ungerecht. Mein großer Bruder hat zum Beispiel immer mehr Aufmerksamkeit bekommen als ich. In der Schule fand ich mich immer in der schlechteren Baseball-Mannschaft wieder, weswegen immer die andere gewann. Mein Kollege in der Zahnklinik bekommt bei derselben Arbeit einen besseren Lohn. Ich könnte noch lauter andere Beispiele für Ungerechtigkeit aufzählen. Mein Punkt ist: Es ficht mich nicht an. Ich kann es gut akzeptieren. Ich schaue auf das, was mir an Gutem widerfahren ist, und diese Liste ist sehr viel länger.

Deswegen kann ich, trotz allem seelischen Schmerz, auch besser von dieser Welt gehen. Ich bin fest davon überzeugt, als Mensch wiedergeboren zu werden. Dafür habe ich lange genug den buddhistischen Glauben praktiziert. Und meine Familie hat mir versprochen, mich gut gehen zu lassen. Sie werden mir nicht nachrufen: Du fehlst uns so sehr, Dad. Denn das würde mich belasten. Meiner Frau Elaine gegenüber empfinde ich nichts als Liebe und Dankbarkeit. Bei allem, was auch schwierig war in unserer Ehe, haben wir uns immer wieder auf unsere Liebe besonnen.

Ich bin übrigens stolz darauf, dass unsere Tochter Hanna von Anfang an mit diesen Werten aufgewachsen ist. Sie beklagt sich nie darüber, dass wir ihr keine Ausbildung an einer Eliteuniversität werden zahlen können. Und auch nicht darüber, dass wir ganz grundsätzlich nie große Sprünge machen konnten. Finanziell gesehen. Geistige Sprünge allerdings schon. Mit diesen werdet ihr, Elaine und Hanna, gut durchs Leben kommen. Mehr braucht man nicht, um zu einem glücklichen Menschen zu werden. Das Akzeptierenkönnen dessen, was ist, das ist das Geheimnis.

Daniel Archeluta, 54 Jahre
verstorben im Februar 201*

Wenn ich so überlege, ob ich mal jemanden hätte umbringen können, fällt mir spontan mein Mann ein

Wenn ich so überlege, ob ich mal jemanden hätte umbringen können, fällt mir spontan mein Mann ein. Da gab es sogar mehrere Situationen, in denen ich hätte handgreiflich werden können. Eine davon spielte sich zu der Zeit ab, als meine Tochter zur Schule ging. Sie hatte große Schwierigkeiten mit Mathematik, sie wurde immer mit einer Fünf in Mathe versetzt. Ihre Lehrerin war der Meinung, dass ihre Leistungen deshalb so schlecht seien, weil irgendwas zu Hause nicht stimmen würde. Es hat ja auch zu Hause nicht gestimmt. Jedenfalls schlug die Lehrerin vor, dass ein Jugendpsychologe sich das mal zu Gemüte führen sollte. Also wurde meine Tochter dort angemeldet und ging zu zwei Sitzungen, zu denen ihr Vater sie unbedingt begleiten wollte. Na schön, dann sollte er doch. Als der nächste Termin anstand, war mein Mann bei der Kur. Deshalb bin ich mit meiner Tochter dort hingegangen. Da kam die Tante aus ihrem Zimmer heraus und sagte zu mir, und wer sind Sie? Ja, sage ich, ich bin die Mutter von Chantal. Das verstehe ich nicht, meinte die Lehrerin, Chantals Vater hat gesagt, sie habe keine Mutter. Na ja, da war das Messer wirklich nicht weit, hätte ich eines gehabt.

Das sind solche Sachen, die ich meinem geschiedenen Mann sehr übel nehme. Heute hat man Kontakt, wir sprechen wie Herr Nachbar miteinander, denn durch die Kinder ging das gar nicht anders. Der Groll ist eigentlich weg. Aber trotzdem würde ich ihm das gerne noch mal so richtig um die Ohren hauen. Was er sich damals dabei gedacht hat. Wir haben nämlich noch gar nicht richtig darüber gesprochen, da war noch so viel anderes. Zum Beispiel, dass er unserer Tochter im Alleingang gesagt hat, dass sie ein Adoptivkind ist. Obwohl wir vorher vereinbart hatten, dass wir ihr das gemeinsam sagen. Oder dass er Chantal bei der Scheidung eingeredet hat, es sei besser, wenn sie bei ihm bleiben würde, denn bei mir müsse sie in Lumpen gehen. Als ich ihm damals sagte, dass ich das unheimlich gemein fände, dass er so etwas von sich gegeben habe, hat er bloß gegrinst. Heute kann ich mich aber beherrschen, ihm das zu sagen, denn meine Kinder haben großen Kummer. Sie haben nicht nur eine sehr kranke Mutter, sie haben auch einen sehr kranken Vater. Also, er hat auch nicht mehr so lange zu leben.

Außerdem habe ich mit allem abgeschlossen. Ich würde sagen, ich habe alles erledigt, was mir aufgetragen wurde, wenn es so etwas gibt. Jeder kriegt so viel, wie er bewältigen kann. Obwohl ich nach der Scheidung eine unheimliche Angst hatte, ob ich das finanziell schaffen würde, habe ich alles gepackt. Und meine Kinder sind sehr brauchbare Menschen geworden, sie können sich durchsetzen. Was ich auch noch erledigt habe, war, meine Beerdigung zu organisieren. An jenem Tag brauchen meine Kinder nichts anderes zu machen, als einfach dorthin zu gehen, das beruhigt mich.

Ja, das war eigentlich mein Leben. Andere haben vielleicht mehr erlebt oder ein tolleres Leben gehabt, aber ich muss sagen, schlecht war's nicht. Es kam halt vieles anders, als ich dachte. Eigentlich hat nichts, was man sich vorstellt, Bestand. Es gibt so viele Umstände, die das zack, zack umschmeißen. Manche schummeln sich durch, die erleben das nicht, aber die meisten kriegen ihren Teil ab, ob sie das wollen oder nicht. Einen großen Teil oder einen kleinen. Das wird nicht gerecht verteilt, das passiert. Klar, das mit dem Schluss ist jetzt auch irgendwie schmerzlich. Auch den hatte ich mir anders vorgestellt. Ich hätte es gerne ein bisschen schöner gehabt. Aber nun ist es nicht. Und da ist kein Bedauern dabei.

Almut Meyer, 78 Jahre, Nierenkrebs

Irgendwie wollte ich immer zu viel

Ich habe vieles versucht, aber wenig hingekriegt. Irgendwie wollte ich immer zu viel, das sagte meine Mutter schon zu mir, als ich Kind war. Während meines Jurastudiums wollte ich unbedingt das beste Examen hinlegen – dann schloss ich mit nur einer unterdurchschnittlichen Note ab. Ich bewarb mich überall, wurde dann in einer Familienkanzlei in Münster eingestellt, habe es aber nur bis zum Bereichsleiter mit drei Mitarbeitern gebracht. Nie habe ich ein Angebot von einer größeren Kanzlei bekommen, und nie hatte ich das Gefühl, für das ganz große Ding gebraucht zu werden. Ich muss zugeben, dass das an mir genagt hat, mal mehr, mal weniger, aber irgendwie habe ich unterschwellig immer darunter gelitten. Denn ich habe mich immer danach gesehnt, dabei zu sein bei den Menschen, die die Welt verändern. Bei denen, die Macht haben. Und natürlich wollte ich auch selber Macht haben.

Im Rückblick stelle ich fest: Ich hatte nur wenige Freunde. Mein bester Freund war meine Frau, die mich nicht verlassen hat, selbst als sie erfuhr, dass ich eine langjährige Affäre mit meiner Mitarbeiterin hatte. Ich hätte verstanden, hätte sie es getan; es war schlimm, verdammte Gefühle. Dass du mit mir verheiratet geblieben bist, Gerti, das bedeutet mir viel. Das ist pures Glück für mich. Denn ich fühle mich auch jetzt immer noch so geliebt von dir, wie ich nun mal bin. Vielleicht hast du mich auch nur deswegen nicht verlassen, weil du keine Alternativen für dich sahst. Eine Ehe ist immer auch ein Kräftespiel, nicht wahr? Ich erinnere mich an die ersten Jahre, in denen ich dich immer wollte, du mir aber die kalte Schulter gezeigt hast. Erst als ich einer anderen Frau in die Augen schaute, hast du mich doch genommen. Auch du hast die Bedrohung von außen gebraucht, um zu wissen, dass das, was du hast, gut genug für dich ist.

Ob ich ein guter Vater für meinen Sohn war? Diese Frage hat mich mehr beschäftigt, als ich es mir habe anmerken lassen. Habe ich Markus wirklich das gegeben, was er braucht? Ich habe nie viele Worte gemacht, wie Männer halt so sind. Auch habe ich mich nie getraut, dich ins Gesicht zu fragen, ob du deinen Vater als Vater gut findest. Gehofft habe ich es aber immer. War es denn wirklich wichtig, dass ich bei deinem ersten Handballturnier dabei war und deiner Mannschaft zugeschaut habe? Hast du daran festgemacht, ob ich ein guter Vater war oder ob ich mich doch nicht für dich interessiere? War es wichtig für dich, ob ich zu Hause war, wenn du eine Prüfung hinter dich gebracht hattest? Ich weiß es nicht. Leider habe ich nie den Mut gehabt, dich zu fragen, was dir wichtig ist. Was dir in unserer Vater-Sohn-Beziehung wichtig ist. Jedenfalls sind es die gemeinsamen Reisen, an die ich mich gerne erinnere. Weißt du noch, als wir in Neapel waren und du dich übergeben musstest, weil dir das Essen im Hafenrestaurant nicht bekam? Als du mich beim Tischfußball in irgendeiner Eckkneipe besiegt hast? Ich wünsche dir, dass du stets das kannst, was du können möchtest. Ganz gleich, was du machst. Anders als bei mir. Vielleicht habe ich auch deswegen immer an meinem mir selbst gemachten Druck gelitten, weil mein Vater ihn mir gemacht hat. Erwartungen der Eltern – sie können eine Hypothek sein. Ich hoffe, du bemerkst, dass ich dir genau das immer ersparen wollte. Zwar wollte ich immer von mir selbst zu viel, aber nie von dir.

Walter Prescher, 65 Jahre, Knochenkrebs
verstorben im Juni 201*

Manchmal hat mich das innerlich zerrissen

Die schönste Zeit in meinem Leben war die, als ich noch keine Kinder hatte. Das soll jetzt bitte nicht falsch rüberkommen, vor allem bei meinen beiden Kindern Jana und Christof nicht. Ich liebe meine Kinder. Trotzdem hätte ich mir nie vorstellen können, mit welchem immerwährenden Verantwortungsgefühl und mit wie vielen inneren Konflikten diese Entscheidung verbunden war. Früher war ich halt nur für mich selbst verantwortlich, und das fühlt sich im Rückblick so herrlich leicht an. Leicht wie eine Feder. Konnte nach Hause kommen, wann ich wollte, mich ohne Babysitter-Organisation verabreden, wann ich wollte, und um 20 Uhr im Konzertsaal oder im Kino sitzen, statt Gute-Nacht-Geschichten vorzulesen. Natürlich hätte ich auch ausgehen können, aber ich bin so ein Typ Mensch, der nichts genießen kann, wenn er weiß, dass er eigentlich noch woanders in der Pflicht steht. Ich fühle mich meinen Kindern gegenüber verpflichtet. Mit ihren Hausaufgaben, mit ihrer Gesundheit, mit ihrer Erziehung. Und das ist so zeitraubend. Kinder haben ein ganz anderes Timing als Erwachsene. Ich war durch meine Arbeit immer gewohnt, alles höchst effizient und schnell zu erledigen. Nach der mittleren Reife habe ich eine Ausbildung zur Europasekretärin gemacht und mich bei einem global tätigen Reiseveranstalter zur Chefsekretärin hochgearbeitet. Darauf bin ich auch stolz. Die interne Ausschreibung der Chefsekretärinnenstelle habe ich nämlich durch meine Sprachkompetenzen gewonnen. Ich kann Spanisch, Französisch und Italienisch fließend in Schrift und Wort, Englisch sowieso. Es gab zwei Kolleginnen, die sich auch beworben hatten, aber von denen habe ich vorher herausgefunden, dass die in wenigstens einer der Sprachen mehr Verbesserungsbedarf bei der Grammatik und im Vokabular hatten als ich. Solche Sachen sind meinen Chefs nämlich nach wie vor wichtig, und das war meine Chance. Da hat sich dann auch ausgezahlt, was mein Vater mir immer gesagt hat: Wenn man weiter kommen will als andere, dann muss man auch mehr tun als andere. Ich war immer sehr ehrgeizig.

Als ich dann die Stelle bekam, die auch mit einer ordentlichen Gehaltserhöhung verbunden war, haben manche in der Firma gemunkelt, dass ich den Job nur bekommen hätte, weil ich lange, blonde Haare habe. Das hat mich schon geärgert, muss ich zugeben. Ich verstehe ja, dass ich nicht so aussehe, als hätte ich den Plusquamperfekt in fünf Sprachen drauf. Aber irgendwie ist es schon ungerecht. Dabei hat man es doch als hässlicher Mensch auch nicht leichter. Aber auch nicht schwerer. Ach, ich weiß auch nicht.

Ja, und dann kamen die Kinder. Ich bin ein Arbeitstier, ich liebe meine Arbeit genauso wie meine Kinder. Das klingt vielleicht etwas hart, aber es ist die Wahrheit. Ich hoffe, ihr habt das nicht zu sehr gemerkt, Jana und Christof, dass ich immer so genervt war, wenn ihr ewig gebraucht habt, bis ihr morgens Zähne geputzt und endlich eure Jacken angezogen habt. Jeder einzelne Tag war eine Geduldsprobe für mich, als ihr noch kleiner wart. Ich weiß wirklich nicht, ob ich eine gute Mutter für euch war. Ich bezweifle es. Denn ihr werdet mir schon angemerkt haben, dass ich ganz oft viel lieber im Büro gesessen und meine To-dos erledigt hätte. Statt euch anzutreiben, mit euch über den Mathe-Hausaufgaben zu sitzen und zwangsgeduldig auf eure Antwort zu warten, bis ihr endlich im Kopf errechnet hattet, wie viel hundert durch vier ergibt. Mon Dieu, manchmal hat mich das innerlich zerrissen.

Na ja, ich tröste mich damit, dass ihr wenigstens den Ehrgeiz von mir mitbekommen habt. Besonders du, Jana. Für Frauen ist es wichtig, dass sie ihre beruflichen Möglichkeiten ausschöpfen. Selbst wenn es ohne eine gute Ausbildung ist. Es ist doch immer noch tausendmal besser, am Kiosk Zeitungen und Zigaretten zu verkaufen, Empfangsdame zu sein oder Brezeln vor dem Museum anzupreisen, als nur Hausfrau zu sein. Und lieber eine unzulängliche Mutter, die arbeitet, als nur Mutter. So sehe ich das. Damit tröste ich mich in manchen Momenten über mein schlechtes Gewissen weg, dass ich nicht genug für euch da war.

Diese Gedanken plagen mich jetzt besonders, wo ich es nicht mehr besser machen kann. Ich kann keine Zeit mehr mit euch nachholen. Meine Tanten haben mir immer gesagt: Genieße die Zeit mit deinen Kindern, solange sie noch klein sind. Sie kommt nie wieder. Das fand ich immer so einen blöden Spruch. Weil keine Zeit wiederkommt. Auch nicht die, in der die Kinder groß sind. Und zu jeder Zeit soll man dann auch noch sein eigenes Leben führen, an sich denken, Freundschaften pflegen, etwas für die Ehe tun. Wie soll das bloß alles zusammen gehen, ohne dass man irgendjemanden vernachlässigt?

Ich möchte nicht über das Sterben reden, sondern lieber über mein Leben. Ich habe das bekommen, was ich wollte, nämlich den Posten der Chefsekretärin. Bleibt mir bitte wohlgesonnen, auch über meine Zeit hinaus.

Maren Weiss, 55 Jahre, Leukämie
verstorben im November 201*

Was Heimat für mich bedeutet, frage ich mich heute noch

Immer wenn ich beim Heimattreffen einen kleinen Ausflug machte und mir die Stadt von oben anguckte, hatte ich ein tränendes und ein lachendes Auge. Wie schön ist unsere Heimat, dachte ich dann, wenn bloß der Scheißkrieg nicht gewesen wäre. Ja, am Ende meines Lebens erinnere ich unsere Vertreibung aus dem Sudetenland, weil sie mich nie ganz verlassen hat. Und weil ich möchte, dass sie nicht vergessen wird.

Das Kriegsende war der ausschlaggebende Punkt. Ich war vierzehn Jahre alt und wohnte bei meinen Großeltern auf dem Bauernhof. Frühzeitig hörte ich ein Schreien, ein angstvolles Schreien, da wusste ich, jetzt müssen wir fort. Die Bauern durften mit dem Leiterwagen weg, aber was lädt man auf einen Handwagen auf einem Bauernhof? Wir haben ganz schnell einen großen Topf Kartoffelsalat gemacht und etwas Warmes zum Anziehen eingepackt. Der reife Roggen, acht Kühe, zwei Ochsen, Hühner, alles musste im Stich gelassen werden. Am größten war die Angst: Was soll aus uns werden, und wo sollen wir hin?

Als ich später mit meinen Eltern in verlausten Baracken untergebracht war und wir alle krank wurden, haben wir gesagt, dass für uns alle drei nun wohl das Ende gekommen ist. Aber der liebe Gott hat gesagt, nein, ich will euch noch haben. Im Februar 1946 kamen wir nach Sachsen. Dort hatten wir wieder ein Dach über dem Kopf, und von da an ging's allmählich bergauf. Das ist im Groben der Lebensabschnitt, der mich bis heute geprägt hat. Öfter lese ich Geschichten über Vertreibung, aber nie wird das Sudetenland erwähnt. Das wundert mich, weil es doch eine furchtbare Geschichte ist, die man Millionen von Menschen zugemutet hat. Damit meine ich aber nicht so sehr die beschriebene Zeit der Ungewissheit und des Überlebenskampfes, sondern den unumkehrbaren Verlust meiner Heimat.

Ich hänge sehr an ihr, das habe ich immer wieder festgestellt. Zu DDR-Zeiten durften wir keine Verbindung zu unserer Heimat haben, weil wir seit der Konferenz in Potsdam als Umsiedler und nicht als Vertriebene galten. Doch trotzdem fand ich einen Weg, nach Hause zu kommen. Ich war in einem Sportverein, mit dem wir gemeinsame Wanderungen machten. Wenn wir in Tschechien waren, habe ich mich mitunter von der Gruppe getrennt und bin in meine Heimatstadt Bensen gegangen. Beim ersten Mal hatte ich das Gefühl, ich traumwandele, das kann alles gar nicht wahr sein, ich bin zu Hause. Und dieses Gefühl ist eigentlich auch bis nach der Wende geblieben, wo wir einmal im Jahr unsere Heimattreffen hatten.

Was Heimat für mich bedeutet, frage ich mich heute noch. Es muss das Glück sein, das ich als Kind bei den gemeinsamen Erlebnissen mit meinen Eltern empfand. Sie sind sehr viel mit mir gewandert, im Sommer wie im Winter. Die Gegend um Bensen ist landschaftlich wunderschön. Dort ist das nordböhmische Mittelgebirge, so ein sanft ansteigendes Land mit viel, viel Laubwald, Buchen, Eichen und Fichten. Und meine Eltern haben dann gesagt, das ist der und der Berg, und das ist der und der Fluss, und was meinst du denn, müssen wir rechts- oder linksrum gehen? Das sind so Erinnerungen von schöner Natur, Lernen und Behütetsein, so eine Mischung.

Die Sonntagnachmittage bei unseren Heimattreffen waren dann die Zeiten, wo jeder in sein Wohnviertel in der Stadt gegangen ist. Noch einmal tief durchatmen überall. Wir haben dann Dialektworte rausgekramt, die wir lange nicht mehr angewendet hatten. Renst en immer noch, oder ist's wieder dreige? Regnet es immer noch, oder ist es wieder trocken? Das hat auch immer Spaß gemacht.

Zurück nach Bensen wollten wir nicht mehr, denn allein unter den Tschechen zu sein wäre nicht mehr unsere Heimat gewesen. Außerdem hatten wir ja inzwischen eine neue Existenz in Deutschland aufgebaut. Für Bad Dürrenberg habe ich auch Heimatgefühle entwickelt, ich meine, ich lebte sechsundsechzig Jahre dort.

Dass ich meine zweite Heimat nun auch verloren habe, merke ich vor allem jetzt, wo ich nicht mehr da sein kann. Aber neulich rief eine Nachbarin an und sagte: Wir bedauern, dass Sie nicht mehr da sind, aber wir freuen uns über das, was Sie angepflanzt haben. Das waren zwei Birken, die ich vor über dreißig Jahren vor dem Haus eingesetzt hatte. Die eine ist gediehen wie die andere, jetzt sind sie größer als der Wohnblock.

Ach, als Kind sind wir sonntags immer im Birkenwald spazieren gegangen, das hat mir immer so gefallen. Die weißen Stämme und das Hellgrün, davon war ich immer ganz begeistert. Muddel würde sagen …, oder: Mein Vater hätte das so gemacht …, das sind Worte, die mir dann dabei einfallen. Und dann merke ich, meine Eltern und Großeltern, alle sind in Wirklichkeit nicht verstorben. Sie sind nur nicht da, aber sie leben weiter in meinem Kopf und in meinem Herzen. Ich glaube, ich werde sie nach dem Tod wiedersehen. Was für ein Trost.

Gustav Roth, 81 Jahre, Krebs

Ich will nichts hinterlassen, weder mein Geld noch eine Botschaft. Außer dieser einen: Macht euch die letzten Tage schön!

Ich bin gerne im Pflegeheim. Da wollte ich immer hin, sobald klar sein würde, dass es meinem Ende entgegengeht. Das habe ich meinen Kindern auch immer gesagt, habe es sogar schriftlich niedergelegt. Und jetzt bin ich hier. Hier falle ich meiner Familie nicht zur Last und bin selber entlastet. Muss mich um nichts mehr kümmern. Keine Betten mehr frisch beziehen, keine Wäsche mehr machen, nichts mehr einkaufen, nichts mehr kochen, keine Glühbirne mehr auswechseln. Wunderbar. Eigentlich ist es wie im Hotel. Ich finde, das ist auch das Mindeste, was man sich gönnen sollte, bevor man stirbt. Hierfür gebe ich gerne mein Erspartes aus. Statt es meinen Kindern zu vererben. Besser könnte es doch nicht angelegt sein.

Außerdem habe ich hier Spaß mit den Mitbewohnern. Wir besuchen uns ständig gegenseitig in unseren Zimmern. Gehen kann hier keiner mehr so richtig, also rollen wir mit unseren Rollatoren oder in unseren Rollstühlen heran. Auf der dritten Etage sind wir sogar eine richtige Clique geworden, so wie früher auf den Schulhöfen. Eine Gang. Da sind Vivian und Milli, Zack und Tylor und ich. Jeder von uns hat eine andere Klingel am Rollgerät, sodass man schon vom Gang aus hört, wer sich gerade im Anrollen befindet. Die von Vivian klingelt besonders hell, wie eine Schneeglocke im Frühling. Sie müssen wissen: Vivian und ich sind ineinander verliebt. Es war Liebe auf den ersten Blick; und wenn man unser baldiges Ende ins

Auge fasst, dann könnte man auch sagen: auf den letzten Drücker. Ist doch toll.

Wissen Sie, man muss seinem Ende Leichtigkeit geben. Das möchte ich allen mitgeben, die das hier lesen, wenn es mich nicht mehr gibt. Denn es wird alle betreffen, irgendwann. Natürlich ist da nichts gut dran, dass man alt und krank ist. Dass man sich nicht mehr richtig bewegen kann. Dass es eine gefühlte Ewigkeit dauert, bis man sich aus dem Bett gehievt hat. Dass man abhängig ist vom Pflegepersonal. Vom Toilettengang und Geduschtwerden ganz zu schweigen. Aber dann muss man diese Situation am Ende seines Lebens doch nicht noch dadurch verstärken, sie andauernd zu beklagen. Nein, man sollte es vielmehr mit Galgenhumor betrachten und nur das in seinen Gedanken herausstellen, was einem Spaß macht: die Liebe, gutes Essen, guter Wein und Entertainment.

Gestern hatten wir zum Beispiel ein Kegelturnier für Rollstuhlfahrer. Vivian und ich wurden Zweite. Hat Riesenspaß gemacht. Was soll ich Ihnen da von meinem abgelaufenen Leben erzählen – wie ich mein Brot verdient, eine Familie aufgebaut, Probleme gelöst, Enttäuschungen bewältigt und Konflikte gemanagt habe? Zurückblicken ist meine Sache nicht. Wozu? Ich will nichts hinterlassen, weder mein Geld noch eine Botschaft. Außer dieser einen: Macht euch die letzten Tage schön! Pumpt euch zu mit Schmerzmitteln, sodass ihr nichts spürt, und dann habt Spaß. Jeden Tag, bis zum letzten.

Frank Mason, 76 Jahre, Knochenkrebs
verstorben im Januar 201*

weitermachen !

Grabinschrift Herbert Marcuse

Dank

Ich danke vor allem den vielen Menschen, die meiner Schwester und mir im persönlichen Gespräch anvertraut haben, wie sie ihr Leben im Rückblick sehen und mit welchen Gedanken sie in Erinnerung bleiben wollen.

Mein besonderer Dank gilt meiner Schwester Annette Hansen. Ohne sie hätte dieses Buch nicht erscheinen können.

Rebecca Casati, Anne Gordon, Inga Humpe, Matthias Landwehr, Georg Reuchlein, Lydia Röder, Evelyn Roll, Stephanie Schlaak, Frank Schirrmacher, Thomas Schmidt, Beatrix Schnippenkoetter und Anke Steinbacher danke ich für ihre ermutigenden wie kritischen Ratschläge, insbesondere bevor ich mit diesem Buch angefangen habe.

Vielen Mitarbeitern und Mitarbeiterinnen der Hospize, Pflegeheime und Krankenhäuser, die wir besucht haben, bin ich zu großem Dank verpflichtet. Insbesondere Carmen Dietrich (Hospiz Schöneberg-Steglitz), Tina Golach, Sylvia Hörchner, Frau Jentzsch, Herrn Pape, Josef Reppenhorst (Hospiz Hamburg Leuchtfeuer), Lydia Röder (Lazarus Hospiz), Jana Thierfelder, Maik Turni (Ricam Hospiz) und Martina Zahn möchte ich danken. Ohne ihre und die Unterstützung vieler anderer Mitarbeiter hätten wir nicht den Zugang zu den Menschen bekommen, die in diesem Buch erzählen, wie ihr Leben war.

In den vielen Pflegeheimen, die ich deutschlandweit und in den USA besucht habe, bin ich ausschließlich freundlichen, geduldigen und einfühlsamen Mitarbeitern begegnet, von der Pflegedienstleitung bis zur Putzhilfe. Ihnen gilt mein höchster Respekt für das, was sie täglich an unserer Gesellschaft leisten.

An letzter und an erster Stelle danke ich Uta Hansen und Georg Kofler. Beide wissen schon, wofür.

Literatur- und Filmempfehlungen

Literatur

Albom, Mitch: *Dienstags bei Morrie. Die Lehre eines Lebens.* Goldmann, München 2002.

Anwar, Petra und John von Düffel: *Geschichten vom Sterben.* Piper, München 2013.

Barnes, Julian: *Nichts, was man fürchten müsste.* Kiepenheuer & Witsch, Köln 2010.

Borasio, Gian Domenico: *Über das Sterben. Was wir wissen. Was wir tun können. Wie wir uns darauf einstellen.* C.H. Beck Verlag, München 2012.

Degen, Florentine: *Ich könnte das nicht: Mein Jahr im Hospiz.* Kiepenheuer & Witsch, Köln 2012.

Didion, Joan: *Das Jahr des magischen Denkens,* List Taschenbuch, Berlin 2008.

Fremantle, Francesca und Chögyam Trungpa (Hg.): *Das Totenbuch der Tibeter.* Diederichs Gelbe Reihe, München 2008.

Großbongardt, Annette und Rainer Traub (Hg.): *Das Ende des Lebens: Ein Buch über das Sterben. Ein SPIEGEL-Buch.* Deutsche Verlags-Anstalt, München 2013.

Halifax, Joan: *Im Sterben dem Leben begegnen: Mut und Mitgefühl im Angesicht des Todes.* Theseus, Bielefeld 2011.

Kübler-Ross, Elisabeth und Christoph Student: *Interviews mit Sterbenden.* Kreuz Verlag, Freiburg 2009.

Kübler-Ross, Elisabeth: *Verstehen, was Sterbende sagen wollen: Einführung in ihre symbolische Sprache.* Knaur, München 2008.

Kübler-Ross, Elisabeth und Ulla Leippe: *Was können wir noch tun? Antworten auf Fragen nach Sterben und Tod.* Herder, Freiburg im Breisgau 2012.

Longaker, Christine: *Dem Tod begegnen und Hoffnung finden: Die emotionale und spirituelle Begleitung Sterbender.* Piper, München 2009.

Nydahl, Lama Ole: *Von Tod und Wiedergeburt. Woher wir kommen – wohin wir gehen.* Knaur MensSana, München 2011.

Saunders, Cicely: *Brücke in eine andere Welt. Was hinter der Hospizidee steht.* Herder, Freiburg im Breisgau 1999.

Seul, Michaela: *Hospizarbeit und Palliativbetreuung: für einen Abschied in Würde.* Knaur, München 2009.

Specht-Tomann, Monika und Doris Tropper: *Zeit des Abschieds: Sterbe- und Trauerbegleitung.* Patmos, Ostfildern 2010.

Stasiuk, Andrzej: *Kurzes Buch über das Sterben.* Suhrkamp, Berlin 2013.

Student, Christoph, Albert Mühlum und Ute Student: *Soziale Arbeit in Hospiz und Palliative Care.* UTB, Stuttgart 2007.

Terzani, Tiziano: *Noch eine Runde auf dem Karussell: Vom Leben und Sterben.* Knaur, München 2007.

Wilber, Ken: *Mut und Gnade: Die Geschichte einer großen Liebe – das Leben und Sterben der Treya Wilber.* Fischer, Frankfurt am Main 2012.

Spielfilme und Dokumentationen

Amenábar, Alejandro: *Das Meer in mir*, Spanien/Frankreich/Italien, 2004.

Coixet, Isabel: *Mein Leben ohne mich*, Spanien/Kanada, 2003.

Dresen, Andreas: *Halt auf freier Strecke*, Deutschland 2011.

Kaufmann, Rainer: *Blaubeerblau*, Deutschland, 2011.
Kaufmann, Rainer: *Marias letzte Reise*, Deutschland, 2005.
Schnabel, Julian: *Schmetterling und Taucherglocke*, Frankreich/USA, 2007.